中原智库丛书

河南省上市公司发展报告
(2018)

主　　编　耿明斋
执行主编　郭兴方
副 主 编　李晓敏

企业管理出版社
ENTERPRISE MANAGEMENT PUBLISHING HOUSE

图书在版编目（CIP）数据

河南省上市公司发展报告.2018／耿明斋主编.—北京：企业管理出版社，2019.8

ISBN 978－7－5164－1993－9

Ⅰ.①河… Ⅱ.①耿… Ⅲ.①上市公司—研究报告—河南—2018 Ⅳ.①F279.276.1

中国版本图书馆 CIP 数据核字（2019）第 167752 号

书　　名：	河南省上市公司发展报告.2018
作　　者：	耿明斋　等
责任编辑：	刘一玲　崔立凯
书　　号：	ISBN 978－7－5164－1993－9
出版发行：	企业管理出版社
地　　址：	北京市海淀区紫竹院南路 17 号　邮　编：100048
网　　址：	http：//www.emph.cn
电　　话：	编辑部 68701322　发行部 68414644
电子信箱：	80147@sina.com　zbs@emph.cn
印　　刷：	北京市青云兴业印刷有限公司
经　　销：	新华书店
规　　格：	710 毫米×1000 毫米　16 开本　14.75 印张　200 千字
版　　次：	2019 年 8 月第 1 版　2019 年 8 月第 1 次印刷
定　　价：	45.00 元

版权所有　翻印必究·印装有误　负责调换

中原智库丛书
编委会

主　　任　张大卫

副 主 任　耿明斋

成　　员（按姓氏笔画排序）：

　　　　万　隆　王宇燕　王雪云　王照平
　　　　刘　伟　孙有才　汤玉祥　刘新勇
　　　　朱焕然　宋丙涛　张大卫　张　琼
　　　　张明超　宗长青　郑祖玄　段建新
　　　　胡五岳　郭兴方　钱国玉　秦群立
　　　　耿明斋　娄源功　徐衣显　黄日珉
　　　　张延明　蒿慧杰

总　序

　　由苏联开启，曾经波及半个地球，涵盖几十个国家的计划经济体制模式，是基于某种理论逻辑构建的。而针对这种体制所进行的市场化改革，却是基于经济发展的现实需要。最初，为了证明这种改革的正当性，人们往往采取对理论进行重新解释甚至不惜曲解的办法。而守护原有理论正当性和纯洁性的学者则将这些理论与已经变化了的现实相对照，指出现实中某些变化的非合法性，要求纠正并向原有的符合理论模式的体制回归。1990年年底，我参加了某个当时被认为是全国经济学界最重要的学术会议，强烈地感受到上述两派学者的分歧，也突然悟到他们都有一个共同的错误，即把现实放到了一个从属的地位，将现实的合法性归入某种理论框架，试图用理论的合法性来解释现实的合法性。这显然颠倒了理论与现实的关系。

　　其实，现实的合法性来源于自身，并不需要用理论来证明。因此，经济研究还有另外一条更为正确的途径，那就是从现实出发，从我们所遇到的问题出发，先弄清楚问题是什么，然后再去寻找可以解释问题的理论。如果找不到现成的可以解释问题的理论，那就说明理论本身有问题，理论发展和创新的突破口也就找到了。自那以后，我就一头扎进了现实中，自觉走上了从现实出发、从问题出发的研究轨道。

　　还有一个问题也是经过长期琢磨和争论才弄清楚并坚持下来的，那就是我们研究的切入点和主攻方向究竟是涉及全局还是局部的问题；究竟是关注看起来更大、更重要但距离我们更遥远的事情，还是看起来更小也没那么重要但意义更深远的身边的事情。我们最终选择了后者，那就是发生在我们身边的看起来渺小但对整个中国的现代化进程都具有深远影响的事情，即传统平原农区工业化与经济社会转型。时间已证明当初我们的选择是正确的，相信其将继续证明我们的正确性。

十多年来，我们围绕传统平原农区工业化与经济社会转型这个主题进行了卓有成效的探索，主持了"欠发达平原农业区产业结构调整升级与工业化发展模式研究""传统平原农区工业化与社会转型路径研究""黄河中下游平原农区工业化与社会转型路径研究""中西部地区承接产业转移的重点与政策研究"等多项重大、重点、一般国家社科基金项目，以及一系列教育部、省政府、相关地方政府和企业委托项目的研究，完成了《关于建设中原城市群经济隆起带若干问题的思考》《河南省协调空间开发秩序和调整空间结构研究》《鹤壁现代城市形态发展战略规划》等多个区域发展研究报告，编撰出版了《传统农区工业化与社会转型丛书》一套，以及《中国农区工业化道路研究》《人口流动、制度壁垒与新型城镇化》等专著数十种。2004年初提出论证并被河南省委、省政府采纳，写入河南省"十一五""十二五"和"十三五"规划及历次省域经济发展重要文件的"郑汴一体化"战略，成为我们这个团队的品牌之作。

为了更好地明确方向、聚集人才、积累资料和获取成果，早在1994年1月，我们就成立了"改革发展研究院"。2009年9月，更是促成了河南省人民政府研究室与河南大学合作共建了"中原发展研究院"。中原发展研究院的宗旨是更好地践行从现实出发、从问题出发的理念，围绕传统平原农区工业化与经济社会转型这个主轴，以河南这个典型区域为对象，从宏观到微观、从经济结构到社会结构，把每个细枝末节都梳理清楚，在更基础的层面上把握经济和社会演进的方向，为政府提供有科学依据的决策建议，为经济学术尤其是发展经济学、制度经济学和区域经济学提供有价值的思想素材，在传统的政府系列和高校及科研院所之外打造一个高端的智库机构。

2011年9月，适逢中原发展研究院成立两周年之际，《国务院关于支持河南省加快建设中原经济区的指导意见》（国发［2011］32号）的出台，标志着中原经济区正式上升为国家战略，同时，也意味着以河南省，即以中原为研究对象的中原发展研究院真正是应时而生的。中原发展研究院多位学者作为全程深度参与中原经济区上升国家战略研究谋划团队的核心成员，从一开始就意识到，作为较早就有意识地将自己的研究领域锁定在河南也就是中原的专业团队，我们应该为中原经济区的研究和建设做点什么。为此，从2011年3月开始，中原发展研究院启动了一项计划，就是从不同侧面、不同角度梳理中原经济区经济社会发展的现状与进展，形成系列报告，分年度出版。首批报告由社会科学文献出版社出版，从2012年开始陆续面市，并冠以《中原发展研究院智库丛书》名称。

此次依托新型城镇化与中原经济区建设河南省协同创新中心和河南省高校人文社会科学重点研究基地（中原发展研究院）组织编撰，并冠以《中原智库丛书》的系列年度报告，是社会科学文献出版系列报告的补充与拓展，也是前述新型城镇化与中原经济区建设河南省协同创新中心及河南省人文社会科学重点研究基地多个课题研究成果的有机组成部分。同时融汇了中央相关部委，河南省委、省政府及相关部门，相关基层政府与企业委托的各类专项研究课题及提交报告和政策建议的内容。该项研究和出版计划得到了郑州宇通集团公司、河南投资集团公司、河南民航发展投资公司、河南铁路投资公司、中原信托公司、中原证券公司、河南恒通化工集团公司等企业及河南省中原发展研究基金会的赞助，也得到了河南财政金融学院专项资助，同时，河南省发展和改革委员会、河南省财政厅也以政府购买服务的方式给予了支持，在此一并表示感谢！对这些企业及政府部门领导强烈的社会责任感和使命感表示深深的敬意。

  该丛书是中原发展研究院的重点项目和拳头产品之一，我们为其研究和撰写投入了大量精力，力求无憾，但问题和瑕疵在所难免。期待着关心中原经济区建设的各级领导和专家及广大读者提出宝贵意见，以使该丛书能够不断改进，日臻完善。

耿明斋

2016 年 3 月 6 日

前 言

《河南省上市公司发展报告（2018）》是我们连续出版的第四本报告。本报告详细展示了2018年河南省上市公司的发展概况、财务绩效和公司治理方面的情况，介绍了河南省新三板挂牌企业和拟上市预披露公司的最新情况，还增加了科创板制度和河南省在辅导科创企业的内容。预期该报告不仅可以丰富国内学者对上市公司的研究，而且对河南省上市公司和区域经济的发展起到一定的积极作用。

《河南省上市公司发展报告（2018）》的主要章节内容和研究结论如下。

第一章河南省上市公司概况。从河南省上市公司的数量演变、地域分布、板块分布、行业分布、所有制结构和资产规模等方面进行了详细分析，并与全国以及中部的湖南、湖北、安徽、山西、江西等五省和东部的广东、浙江、江苏、山东等四省进行了对比。具体而言：

在上市公司数量方面，河南省上市公司历年数量整体呈现出相对平稳的发展态势，但是近年来增长数量相对较少，并且河南省上市公司的数量和总市值明显与其经济规模不匹配。

在地域分布方面，河南省上市公司明显呈现出省会城市"一枝独大"的分布趋势，郑州28家、洛阳10家、焦作7家，但是驻马店和鹤壁均为0家，分布明显不均衡。

在板块分布方面，河南省79家上市公司板块分布以主板（40家）为主，中小板（26家）次之，再者就是创业板（13家），说明河南省上市公司整体缺乏活力。

在行业分布方面，河南省上市公司在材料、工业行业分布比重最高，占比为49.37%，在可选消费、日常消费、医疗保健、信息技术领域分布比较均衡，共计占比40.51%，在能源、金融和公用事业领域占比较低，仅为10.13%。

在电信服务和房地产行业未曾有分布，这与河南省的地理位置与产业结构有着很大的关系；在所有制结构方面，河南省上市公司中民营企业（44家）数量要多于国有企业（30家），其他类型企业（5家）。

在资产规模方面，河南省上市公司资产规模范围以10亿~100亿元为主，100亿~1000亿元次之，缺乏资产估摸大于1000亿元的大型企业。

近几年来，河南省证券化率相对较低，维持在20%左右的水平，尤其是在2018年，受整体经济环境的影响，河南省证券化率仅为14.55%。总体而言，河南省上市公司的发展状况与东南四省存在较大的差距，在中部六省中处于相对居中的水平。

第二章河南省上市公司财务绩效分析。借鉴相关的研究成果，建立了一套较为严谨的财务绩效评价体系，从盈利能力、偿债能力、成长能力、营运能力和股本扩张能力等五个方面，选择了净资产收益率、资产负债率，营业收入增长率、总资产周转率和每股净资产五个财务指标评价上市公司经营状况，并且从四个层面对河南上市公司的财务绩效进行分析。

从79家上市公司净利润情况来看，其中64家上市公司实现利润较好，15家企业净利润显示亏损，相比2017年上市公司年报数据多出8家。河南省上市公司总市值同比下降23.4%。盈利能力方面，净资产收益率为负的上市公司共有14家，比2017年增长了50%；但是，河南省上市公司的财务杠杆还有很大的可利用空间；2018年，营业收入增长率不容乐观，成长能力与2017年有较大差距；营运能力表现较强；股本扩张基础较坚实。

从河南省上市公司财务绩效分行业来看："交通运输、仓储和邮政业"的盈利能力和股本扩张能力最强，而"信息传输、软件和信息技术服务业"成为净资产收益率最低的行业。在偿债能力方面，"信息传输、软件和信息技术服务业"资产负债率最低。从理论上来说，长期偿债能力最强，但其盈利能力又较差，也反映这一行业资产利用效率低的问题；另外，"信息传输、软件和信息技术服务业"的成长能力和营运能力都是最高的，"金融业"资产负债率最高，总资产周转率最低，也就是说偿债能力和营运能力比较差。河南省各行业的财务绩效指标的平均值与证监会行业平均值相比，有以下结论：

在盈利能力方面，河南省"电力、热力、燃气及水生产和供应业"和"金融业"的盈利能力高于证监会行业平均水平，其他行业均低于证监会行业平均水平。

在偿债能力方面，河南省"电力、热力、燃气及水生产和供应业""信息传输、软件和信息技术服务业""金融业"上市公司的资产负债率低于证监会行业平均水平。

在成长能力方面，只有"信息传输、软件和信息技术服务业"的成长能力优于证监会行业平均水平，其他行业均低于证监会行业平均水平。

在营运能力方面，河南省"电力、热力、燃气及水生产和供应业""信息传输、软件和信息技术服务业""金融业"上市公司营运能力优于比较对象。

在股本扩张能力方面，河南省"采矿业""交通运输、仓储和邮政业"和"金融业"的股本扩张能力低于证监会行业平均水平。

从河南省上市公司财务绩效来看，与中部六省相比，在盈利能力方面，河南省上市公司的盈利能力在山西省、江西省和安徽省之后，位居第四，处于中等水平；在偿债能力方面，河南省上市公司的偿债能力次于山西省，位居第二，处于中上等水平；在成长能力方面，河南省上市公司的成长能力次于湖南省，位居第二，处于中上等水平；在营运能力方面，河南省上市公司的营运能力在江西省和安徽省之后，位居第三，处于中等水平；在股本扩张能力方面，河南省上市公司的股本扩张能力优于山西省、湖南省，位居第四，处于中下等水平。

从河南省上市公司财务绩效分市场来看，在盈利能力方面，河南省创业板的盈利能力高于主板和中小企业板上市公司，与全国同板块平均水平相比，河南省主板和创业板的盈利能力均低于全国同板块市场平均水平，而省内盈利能力最差的中小板反而高于全国同板块市场平均水平；偿债能力方面，河南省主板市场上市公司的资产负债率高于中小板和创业板市场上市公司，其偿债能力最差，但也说明其举债能力强，与全国同板块平均水平相比，河南创业板的偿债能力优于全国同板块平均水平，河南中小板和主板市场的偿债能力比全国同板块平均水平差；营运能力方面，河南省主板市场的营运能力最好，其次是中小板和创业板市场上市公司，与全国同板块平均水平相比，河南省主板市场的营运能力高于全国同板块市场平均水平，河南省中小板和创业板的营运能力都不如全国同板块市场平均水平；成长能力方面，创业板优于中小企业板和主板市场上市公司，与全国同板块市场平均水平相比，河南省中小企业板市场上市公司的成长能力不如全国同板块市场平均水平；股本扩张能力方面，河南省创业板市场上市公司最强，而中小企业板市场上市公司最弱，与全国同板块市场平均水平相比，河南省创业板市场上市公司优于全国同板块市场上市公司平均水平。

第三章河南省上市公司治理评价分析。从股权结构治理、董事会治理、经理层治理、中小股东利益治理等四个方面对河南省上市企业的公司治理绩效进行评价。主要结论如下：

对于股权集中度来说，河南省主板上市企业相对其他板块而言较高，在一定程度上反映出河南省股份制改革还不够彻底的现状，特别是对于国有企业来说，股份制改革深化不够。而中小企业方面，由于在发展初期股权较为集中，随着后续扩张需要逐轮增资，会带来股权的稀释。因此，河南省中小企业板处于中游的股权集中程度，意味着河南省中小企业的发展水平一般，处于发展的关键阶段，对资本市场还没有充分利用。河南省创业板上市企业股权集中度相对较低，是由于其上市前就充分利用了资本市场，吸引了足够多的外部资金，从而形成了较为分散的股权结构。与港股市场对比，股权集中度相对较高，这是由于政策和市场等多方面的因素共同导致的，因此想要降低股权集中度，就必须提供更加宽松自由的经济环境。

在股东力量差距方面，河南省整体 z 指数为 11.11，即第一大股东是第二大股东的 11.11 倍，说明河南省市企业的第一大股东有着较强的控制力，其中主板企业的 z 指数达到了 17.52，但与 2017 年相比仍然呈上升趋势。港股市场的 z 指数平均值为 8.58，可以明显看出低于 A 股市场，也就是说在港股市场上股东力量差距较小，第一大股东的控制力相对较低。

河南省主板上市企业董事会规模相对不合理，与营业收入的相关系数较小，低于整体水平；中小企业板的董事会规模虽然与主板企业相比较为合理，相对灵活，亟待加强；创业板的相关性最高。在董事会结构方面，各板块间的董事会结构组成差距不是十分明显，但相对而言主板的上市企业结构更加合理。

河南省的上市企业董事会中独立董事占比较高,板块之间相差不大,其中主板上市企业独立董事占比最高,董事会结构相对合理,中小企业板的上市企业独立董事占比最低,创业板与2017年相比有所上升。

在高管激励方面,高管薪酬增长率和每股基本收益增长率呈正相关,反映出河南省上市企业对经理层的业绩激励效果非常明显,整体呈上升趋势,其中创业板企业的负相关性最强,2017—2018年中小企业板企业的高管激励出现了明显的改善,整体也呈上升状态,总的来说,高管激励还是比较成功的;对比港股市场,高管薪酬增长率与每股基本收益增长率的相关性明显强于A股市场,高管激励相对成功。

高管组成结构中,基本分布与董事会组成结构大致是一致的。主板企业的学历构成更加优化,中小企业板略弱,而从年龄和上任年数方面来看,依然是主板企业比较领先。

在经营合规情况中,中小企业板上市企业违规比例最高,高于全省平均水平,与上年相比有所下降,创业板的比例最低,经营合规情况良好。

财务合规方面,河南省上市企业整体表现较好,审计报告中均为无保留意见。

河南省创业板上市企业的股利发放率平均值高于全省平均水平,但中小企业板上市企业均低于整体水平,板块之间股利分布不太均衡,有很大的提升空间;与此同时,河南省整体的关联交易出现了小幅度上升,在河南省整体202次关联交易中,仅中小企业板企业就占了87次,河南省各板块上市企业尤其是中小企业板上市企业的关联交易纪律性表现不够理想。

河南省各板块上市企业聘请的会计师事务所排名平均值均在8~13名之间,其中创业板市场略低于主板和中小企业板市场,即信息披露的成本较低，应提高信息披露公信力。

河南省上市企业的公司治理评分基本都是合格的，根据前十名和后十名企业的业绩对比，发现河南省及各板块的上市企业公司治理水平与经营业绩存在一定的正向关系，排名靠前的企业有着比较好的业绩指标。

第四章河南省新三板挂牌企业分析。从国内新三板的发展历程以及河南省内挂牌新三板企业的现状，并从省内企业的行业分布、地域分布以及财务数据等方面做出具体讨论。总体来看，河南省新三板企业挂牌数量、营业收入和净利润等指标仍不及国内经济较发达的地区，但自身发展速度可圈可点。从地域分布来看，挂牌企业主要分布于以郑州为中心的河南省北部地区；从行业分布来看，挂牌企业主要分布于制造业，信息传输、软件和信息技术服务业，建筑业以及农林牧渔业等。

第五章河南省拟上市预披露公司分析。首先从信息披露制度出发，介绍我国信息披露制度的相关内容，对河南省拟上市预披露公司进行逐一分析，2018年河南地区仅有1家拟上市公司完成了信息披露——河南蓝天燃气股份有限公司。同时有4家公司完成信息预披露更新，分别为河南平原智能装备股份有限公司、郑州天迈科技股份有限公司、兰考瑞华环保电力股份有限公司、河南蓝信科技股份有限公司。由于预披露更新公司无发生重大信息变化，因此仅对1家拟上市预披露公司从公司发展情况、财务摘要以及行业发展情况三个方面进行分析总结。分析发现河南蓝天燃气股份有限公司有较强的偿债能力和一定的获利能力，公司未来发展趋势较好，但其运营能力还需进一步提高，除运营成本小幅上升外，其他指标均表现良好，行业发展前景广阔。

通过河南省与其他省份的拟上市公司进行系统性的对比分析，2018年河南省拟上市公司数量排在第11位，与排名前几位的省市相比差距较大，并且大部分公司分布于省会郑州。从市场结构分布来看，2018年全国拟上市公司申请板块主要集中在上交所主板市场和深交所创业板市场，拟在中小板上市的企业相对较少。而河南省与全国总体分布不同，拟在上交所上市的公司数量占比仅为40%，拟在深交所中小板上市的公司占比为0，而拟在深交所创业板上市的公司数量最多，占比达到60%，拟在主板上市的公司数量小于中小板和创业板。从公司行业分布情况来看，河南省拟上市公司当中涉及4个行业，软件和信息技术服务业占有较大比重，行业分布较为局限。从拟上市预披露公司主要财务指标来看，河南省拟上市预披露公司的偿债能力、获利能力、营运能力指标均排名靠后，与其他省份排名前几位的公司相比差距较大，各个公司仍需继续努力，提升自己的各项能力。

第六章河南省在辅导科创企业分析。科创板有利于提高河南省的证券化率，缩小与经济发达地区的差距，提高河南省企业的科创能力与经济发展质量。河南省积极备战科创板，已经摸排了60家后备企业，其中，28家企业已处于上市辅导阶段，17家企业是新三板挂牌企业。科创板在挂牌对象、注册制度、盈利要求、投资者门槛、股权激励和退市程序方面不同于其他板块。

挂牌对象。科创板挂牌对象是面向世界科技前沿、面向经济主战场、面向国家重大需求，符合国家战略，拥有关键核心技术，科技创新能力突出的新一代信息技术、高端装备、新材料、新能源、节能环保以及生物医药等高新技术产业和战略性新兴产业，推动互联网、大数据、云计算、人工智能和制造业。

注册制度。科创板实行股票发行注册制和市场化的询价定价方式。上交所只对注册文件进行形式审查，重点关注的是信息披露是否充分，不再代替投资人判断公司是否达标，更多交给市场去自行判断和选择，同时发行人还得接受社会公众的全方位监督。

科创板股票采用市场化的询价定价方式，也就是说向经过中国证券业协会注册的证券公司、基金管理公司、信托公司、财务公司、保险公司、QFII和私募基金管理人等专业机构投资者询价确定股票发行价格。

盈利要求。科创板淡化盈利，市值为王。以"预计市值"为核心的科创板，设计了五套差异化上市标准，并且从标准来看，预计市值越高，对盈利的要求越低，打破了主板、中小板和创业板以盈利为核心的准则。

投资者门槛。为了隔离风险、保护小散，科创板设置了投资者的适当性条件。投资者参与科创板股票交易，必须同时满足两个条件：①申请权限开通前20个交易日证券账户及资金账户内的资产日均不低于人民币50万元（不包括该投资者通过融资融券融入的资金和证券）；②参与证券交易24个月以上。这两个条件将大部分散户挡在了资本市场的门外，也体现了科创板投资主要针对的是机构投资者。

股权激励。科创板允许特殊股权结构企业上市，这也是A股市场包容性改革的重要内容之一。特别表决权股份的表决权是普通股份的表决权数量的10倍，但这些持有人需要在上市公司担任主要的管理人员、核心技术人员等。

退市程序。科创板废除了陈规旧制，一旦发现不合格企业便立即启动强制退市程序，大大简化了退市流程，节约了退市时间。

第七章河南省上市公司大事记（2018）。

目 录

第一章　河南省上市公司概况 / 1

第一节　河南省上市公司的数量演变 ················· (2)
第二节　河南省上市公司的地域分布 ················· (6)
第三节　河南省上市公司的板块分布 ················· (10)
第四节　河南省上市公司的行业分布 ················· (13)
第五节　河南省上市公司所有制结构分析 ············· (17)
第六节　河南省上市公司资产规模分析 ··············· (18)
第七节　河南省证券化率情况 ······················· (20)
第八节　河南省境内外上市公司一览表 ··············· (22)
本章小结 ··· (27)

第二章　河南省上市公司财务绩效分析 / 29

第一节　河南省上市公司财务绩效的基本情况 ········· (29)
第二节　河南省上市公司绩效分行业分析 ············· (42)
第三节　河南上市公司相对区域财务绩效分析 ········· (54)
第四节　河南省上市公司财务绩效市场分析 ··········· (71)
本章小结 ··· (82)

第三章　河南省上市公司治理评价分析 / 85

第一节　公司治理评价分析的研究设计 ··············· (85)
第二节　河南省上市公司股权结构治理 ··············· (91)
第三节　河南省上市公司董事会结构 ················· (95)

第四节　河南省上市公司经理层治理 …………………（102）
第五节　河南省上市公司中小股东利益治理 …………（108）
第六节　河南省上市公司治理评分简析 …………………（113）
本章小结 ……………………………………………………（117）

第四章　河南省新三板挂牌企业分析 / 123

第一节　国内新三板发展现状 ……………………………（123）
第二节　河南新三板挂牌企业发展概况 …………………（132）
第三节　河南新三板挂牌企业的区域分布 ………………（133）
第四节　河南新三板挂牌企业行业特征分析 ……………（136）
第五节　河南省新三板挂牌公司的特点 …………………（139）
本章小结 ……………………………………………………（141）

第五章　河南省拟上市预披露公司分析 / 142

第一节　中国上市公司与拟上市公司信息披露制度 ……（142）
第二节　河南省拟上市公司分析 …………………………（145）
第三节　河南拟上市公司与其他地区的对比分析 ………（153）
第四节　河南省拟上市公司现存问题及政策建议 ………（163）
本章小结 ……………………………………………………（165）

第六章　河南省在辅导科创企业分析 / 167

第一节　科创板细则 ………………………………………（167）
第二节　科创板与国内外板块 ……………………………（174）
第三节　科创板对河南的影响 ……………………………（181）
第四节　河南省为进军科创板所做的努力 ………………（184）

第七章　河南省上市公司大事记（2018）/ 187

后　记 / 215

第一章　河南省上市公司概况

　　河南省地处中原地区，在中国历史中扮演着重要的角色。近四十年来，随着改革开放的发展，河南省经济社会发展取得了巨大的成就，2018年河南省国内生产总值达到48055.86亿元，比2017年增长7.6%，全年全省粮食产量6648.91万吨，比2017年增加124.66万吨，增长1.9%。作为一个典型的经济和农业大省，河南省庞大的经济总量和丰富的农业资源为资本市场的发展提供了坚实的物质基础。近年来金融豫军迅速发展，阵容逐渐壮大，实力进一步增强。但必须正视的是，与其他较为发达的东部省份相比，河南省资本市场的发展仍处于相对落后的水平，由金融大省向金融强省的转变仍有很长一段路要走。基于此，历届河南省委、省政府高度重视资本市场的发展，2004年出台了《关于大力发展和利用资本市场的实施意见》，2011年出台了《关于创新投融资机制、鼓励引导社会投资的意见》，2015年又出台了《加快郑东新区金融集聚核心功能区建设实施方案》《2015年河南省服务业重点领域发展行动方案》《河南省人民政府办公厅关于加强金融服务着力缓解企业融资成本高问题的意见》《河南省推进中原经济区农村金融改革试验区建设实施方案（2015—2020年）》等方案，2016年出台了《优化企业融资服务若干政策措施》《2016年河南省融资对接金融服务行动专项方案》，2017年印发了《关于规范发展区域性股权市场的通知》《关于印发河南省权益类交易场所监督管理办法（试行）的通知》，2018年印发了《2018年全省融资担保机构小额贷款公司发展与监管工作要点》《河南省区域性股权市场监督管理实施细则》等通知，鼓励企业积极上市，积极推动河南省实体经济进入资本市场，目前在我国资本市场上形成了多层次、有特色的"河南板块"。

第一节 河南省上市公司的数量演变

自 1992 年以来,中国 A 股上市公司经历了一个翻天覆地的变化,由最初的 53 家增加到目前的 3584 家(截至 2018 年 12 月 31 日),整体呈现出相对平稳的增长趋势。除了在 2013 年出现了负增长(-0.2%)外,其余年份均保持着正的增长率。1993 年,A 股上市公司实现了量的突破,增速达到 245.28%,一直到 2000 年之前,是 A 股上市公司数量得以不断壮大的时期,并且于 2000 年突破了 1000 家的大关。从 2001—2009 年,A 股上市公司数量增速一直保持在 10% 以下,2010 年达到 20.08%、2011 年达到 13.52%,之后继续保持在 10% 以下的增速,2017 年有所提高,增速达到 14.19%,但是在 2018 年又出现急速下滑,增速仅为 2.81%(见表 1-1、图 1-1)。

表 1-1 1992—2018 年全国 A 股上市公司数量

年份	数量(家)	年份	数量(家)
1992	53	2006	1434
1993	183	2007	1550
1994	291	2008	1625
1995	323	2009	1718
1996	530	2010	2063
1997	745	2011	2342
1998	852	2012	2494
1999	949	2013	2489
2000	1088	2014	2613
2001	1160	2015	2827
2002	1224	2016	3052
2003	1287	2017	3485
2004	1377	2018	3584
2005	1381		

第一章 河南省上市公司概况

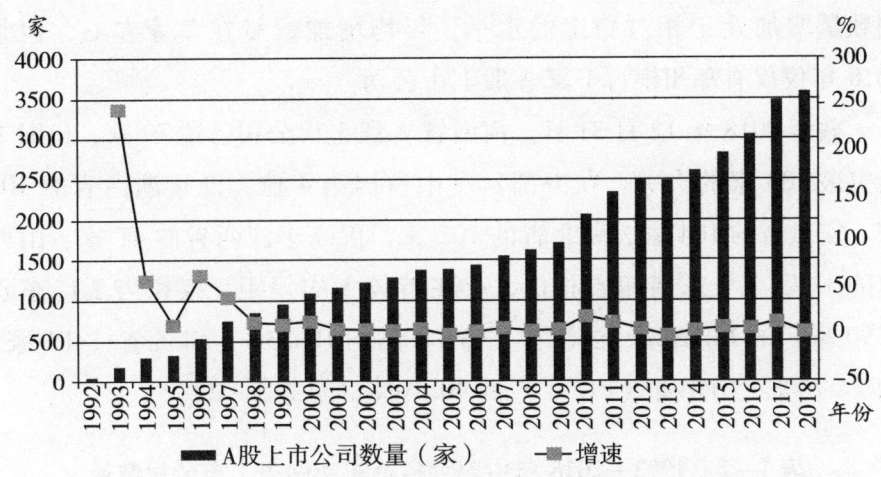

图1-1 1992—2018年全国A股上市公司数量及增速

同样，河南省A股上市公司也经历了一个从无到有的发展过程，由最初的0家发展到现在的79家，并且整体保持着一种平稳的增长态势。值得注意的是，在2010年和2011年，河南省A股上市公司数量增加保持较高水平，增加数量为10家和11家，增速为23.81%和21.15%，属于历史较高水平（见图1-2）。近几年来，河南省A股上市公

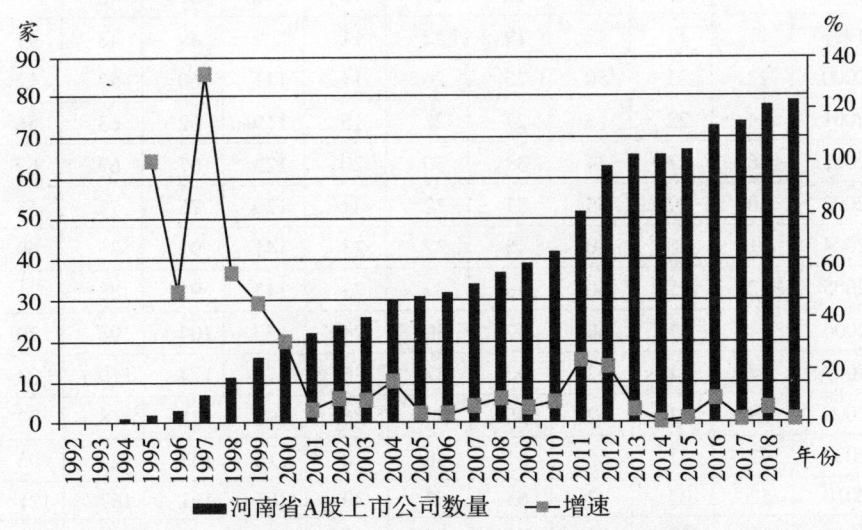

图1-2 1992—2018年河南省A股上市公司数量及增速

司数量增加处于相对稳定的水平，年均增加数量在 2 家左右，但是 2018 年仅仅有郑州银行 1 家 A 股上市公司。

截至 2018 年 12 月 31 日，河南省 A 股上市公司已达 79 家，仍旧未能突破 100 家的大关，在中部六省中位居第 4 位，低于湖南省的 105 家、安徽省的 104 家、湖北省的 102 家，仅高于江西省的 41 家、山西省的 37 家。与东南四省相比，存在着较大的差距，仅相当于广东省（590 家）的 13.39%、浙江省（431 家）的 18.33%、江苏省（401 家）的 19.70%、山东省（197 家）的 40.10%（见表 1-2）。

表 1-2　1992—2018 年中部六省及东南四省上市公司数量

年份/省份	河南省	山西省	湖北省	安徽省	湖南省	江西省	广东省	浙江省	江苏省	山东省
1992	0	1	1	0	1	0	16	0	0	0
1993	1	2	4	2	4	1	35	7	4	4
1994	2	3	5	3	4	1	55	13	10	6
1995	3	3	6	3	4	1	60	13	12	6
1996	7	6	17	8	11	5	71	21	23	23
1997	11	12	28	13	15	10	89	34	38	31
1998	16	17	35	18	17	10	96	39	40	37
1999	21	17	42	19	22	11	99	49	48	41
2000	22	21	50	25	26	14	111	60	57	52
2001	24	22	53	27	28	15	119	62	63	56
2002	26	23	54	33	30	20	123	67	69	62
2003	30	27	55	37	32	21	129	75	79	63
2004	31	28	60	45	37	23	141	92	85	69
2005	32	28	60	46	37	23	143	95	88	71
2006	34	31	60	47	39	24	153	104	98	79
2007	37	31	62	52	42	26	178	124	110	84
2008	39	31	62	55	44	26	192	135	118	92
2009	42	31	65	57	48	26	216	146	127	95
2010	52	33	72	65	57	30	285	191	167	121
2011	63	36	80	76	65	31	331	230	213	141
2012	66	36	82	77	70	33	361	249	235	149

第一章　河南省上市公司概况

续表

年份/省份	河南省	山西省	湖北省	安徽省	湖南省	江西省	广东省	浙江省	江苏省	山东省
2013	66	36	82	77	70	33	362	250	235	149
2014	67	36	84	80	73	33	386	267	253	151
2015	73	38	86	88	80	36	424	300	276	159
2016	74	38	95	93	84	37	473	328	317	171
2017	78	38	97	101	101	39	572	415	381	196
2018	79	37	102	104	105	41	590	431	401	197

从各省 A 股上市公司数量变迁来看，河南省等中部六省与东南四省（除广东外）的上市公司发展所处的起跑线基本一致，在 1992 年时各省基本都是 0 家或者 1 家，唯有广东省一枝独秀（16 家），从一开始就处于领先地位，并且一直保持着较高的增长速度。中部六省整体发展趋势呈现出极其平稳的态势，从 1992 年至今，河南省与安徽省、江西省、湖北省、湖南省之间发展趋势基本保持一致，并没有出现太大的增速差距。山西省在 2007 年、2008 年之后与中部其余五省上市公司数量的差距逐渐拉大，趋势也越来越明显，并且在近几年来上市公司数量基本没有变动。与东南四省相比，从 1996 年开始，河南省上市公司数量增速与东南四省之间差距逐渐开始显现，之后一直呈现出缓慢的扩大趋势，但在 2008 年之后，发展差距越来越大，并有不断扩大的趋势（见图 1-3）。

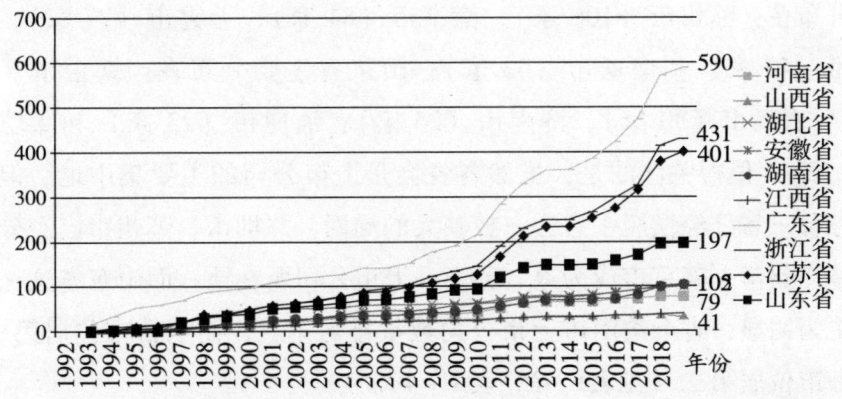

图 1-3　1992—2018 年中部六省及东南四省上市公司数量比较分析

第二节 河南省上市公司的地域分布

与其他中部省份一样，截至 2018 年 12 月 31 日，河南省 79 家 A 股上市公司区域分布主要在：省会郑州市（28 家）、洛阳市（10 家）、焦作市（7 家）。中部其余 5 省中，山西省主要集中分布在：太原市（18 家），大同市（4 家）、运城市（4 家）；湖北省主要集中分布在：武汉市（57 家）、襄阳市（8 家）、荆州市（7 家）、黄石市（7 家）和宜昌市（6 家）；安徽省主要集中分布在：合肥市（45 家）、芜湖市（13 家）、马鞍山市（8 家）、宣城市（7 家）和铜陵市（6 家）；湖南省主要集中分布在：长沙市（62 家）、岳阳市（10 家）和株洲市（8 家）；江西省主要集中分布在：南昌市（19 家）和景德镇市（4 家）。而在东南四省中，A 股上市公司区域分布表现出明显的非省会集中趋势。广东省上市公司主要集中分布在：深圳市（285 家）、广州市（98 家）、佛山市（37 家）、汕头市（32 家）、珠海市（28 家）和东莞市（27 家）；浙江省上司公司主要集中分布在：杭州市（131 家）、宁波市（75 家）、绍兴市（58 家）、台州市（50 家）和嘉兴市（36 家）；江苏省主要集中分布在：苏州市（106 家）、南京市（84 家）、无锡市（77 家）、常州市（40 家）和南通市（33 家）；山东省主要分布在：烟台市（38 家）、青岛市（30 家）、济南市（25 家）、淄博市（23 家）和潍坊市（22 家）。值得关注的是，虽然各省会是上市公司的主要集中地，但是粤苏鲁三省已经摆脱了省会一枝独大的局面，深圳市、苏州市已经分别代替广州市、南京市成为粤、苏第一上市公司所在地。而山东省这一情况更为明显，省会济南市上市公司数量排名第三，而烟台市位居第一，青岛市位居第二（见表 1-3、表 1-4）。

第一章 河南省上市公司概况

表1-3 2018年中部六省上市公司数量城市排名表

河南省	79	山西省	37	湖北省	102	安徽省	104	湖南省	105	江西省	41
郑州	28	太原	18	武汉	57	合肥	45	长沙	62	南昌	19
洛阳	10	运城	4	襄阳	8	芜湖	13	岳阳	10	景德镇	4
焦作	7	大同	4	黄石	7	宣城	8	株洲	8	新余	4
许昌	5	长治	2	荆州	7	马鞍山	7	益阳	6	赣州	4
南阳	5	临汾	2	宜昌	6	铜陵	6	常德	4	宜春	3
商丘	3	阳泉	2	荆门	4	滁州	4	湘潭	4	上饶	3
安阳	3	晋中	2	鄂州	3	淮北	4	衡阳	3	鹰潭	2
平顶山	3	晋城	1	孝感	3	蚌埠	3	郴州	3	萍乡	1
济源	3	忻州	1	潜江	2	安庆	3	永州	2	抚州	1
漯河	2	吕梁	1	仙桃	1	黄山	3	张家界	1	九江	0
濮阳	2	朔州	0	十堰	1	六安	2	怀化	1	吉安	0
周口	2			黄冈	1	淮南	2	湘西	1		
新乡	2			咸宁	1	宿州	1	邵阳	0		
信阳	2			随州	1	阜阳	1	娄底	0		
开封	1			恩施	0	亳州	1				
三门峡	1			天门	0	池州	1				
驻马店	0										
鹤壁	0										

表1-4 2018年东南四省上市公司数量城市排名

广东省	590	浙江省	431	江苏省	401	山东省	197
深圳	285	杭州	131	苏州	106	烟台	38
广州	98	宁波	75	南京	84	青岛	30
佛山	37	绍兴	58	无锡	77	济南	25
汕头	32	台州	50	常州	40	淄博	23
珠海	28	嘉兴	36	南通	33	潍坊	22
东莞	27	金华	27	扬州	13	威海	11
中山	22	湖州	24	镇江	12	济宁	9

续表

江门	12	温州	20	徐州	11	德州	9
惠州	11	衢州	6	连云港	7	滨州	8
梅州	7	丽水	3	泰州	7	东营	5
肇庆	7	舟山	1	盐城	6	泰安	4
潮州	7			宿迁	3	临沂	4
揭阳	7			淮安	2	聊城	4
韶关	3					菏泽	2
湛江	2					莱芜	1
阳江	2					日照	1
清远	1					枣庄	1
茂名	1						
云浮	1						
汕尾	0						
河源	0						

截至2018年12月31日，在河南省下辖的18个省辖市中，共有79家A股上市公司，具体分布表现为郑州28家，洛阳10家，焦作7家，许昌和南阳各5家，安阳、济源、平顶山和商丘各3家，漯河、濮阳、新乡、信阳和周口各2家，开封和三门峡各1家，鹤壁和驻马店无一家上市公司分布。但在上市公司总市值比较方面却略有不同，上市公司的数量和总市值分布并没有呈现出一种同方向的变动趋势。河南省上市公司总市值为7001.92亿元，其中郑州28家上市公司总市值为1902.07亿元，而洛阳10家上市公司数量总市值竟达1372.90亿元，漯河2家上市公司总市值为825.62亿元，超出南阳（713.77亿元）、焦作（537.20亿元）和许昌（359.84亿元）（见表1-5、图1-4、图1-5）。

第一章 河南省上市公司概况

表1-5 2018年河南省各地区上市公司数量、总市值及平均市值统计表

	A股上市公司数量（家）	总市值（亿元）	平均市值（亿元）
河南省	79	7001.92	
郑州	28	1902.07	67.93
洛阳	10	1372.90	137.29
焦作	7	537.20	76.74
许昌	5	359.84	71.97
南阳	5	713.77	142.75
安阳	3	135.80	45.27
济源	3	107.61	35.87
平顶山	3	237.33	79.11
商丘	3	123.46	41.15
漯河	2	825.62	412.81
濮阳	2	66.87	33.44
新乡	2	338.77	169.39
信阳	2	71.67	35.84
周口	2	99.41	49.71
开封	1	21.87	21.87
三门峡	1	87.74	87.74
鹤壁	0		
驻马店	0		

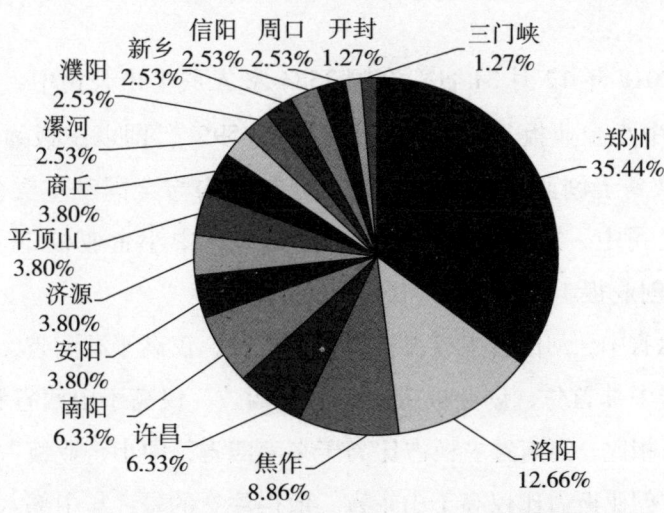

图1-4 2018年河南省各地区上市公司数量占比

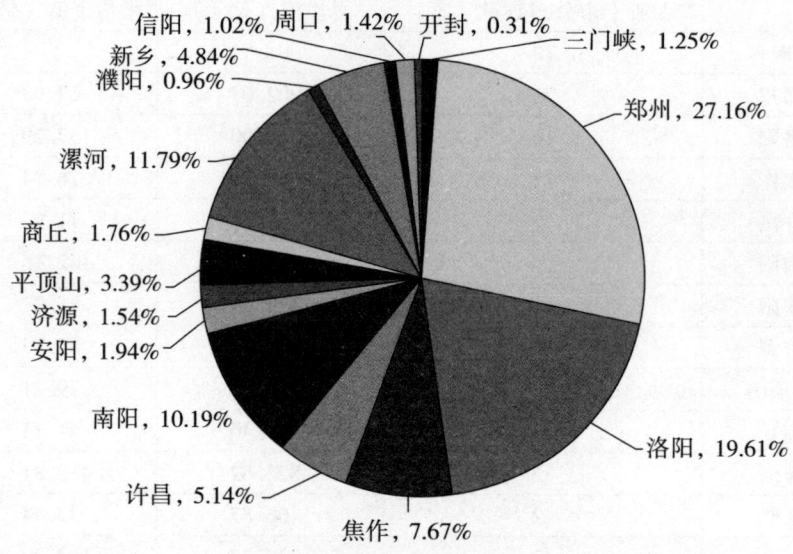

图 1-5　2018 年河南省各地区上市公司总市值占比

第三节　河南省上市公司的板块分布

截至 2018 年 12 月 31 日，全国 3584 家 A 股上市公司中，主板占比 53.82%、中小企业板 25.59%、创业板 20.59%，即以主板为主，中小企业板略微高于创业板。河南省三板分布结构与全国基本类似，79 家 A 股上市公司中，主板 40 家，占比 50.63%；中小企业板 26 家，占比 32.91%；创业板 13 家，占比 16.46%。

中部六省中，河南省主板占比位居第五位，仅高于湖南省，中小企业板占比位居中部首位，创业板占比位居第四位，仅高于山西省和安徽省；与东南四省相比，河南省主板占比高于东南四省，中小企业板占比仅略高于江苏省，创业板占比仅高于山东省。值得注意的是：与中部六省和其他东南三省相比，广东省上市公司有一个不同之处，即广东省上市公司主板的数量（180家）低于中小企业板（236家），而且创业板（174家）仅比主板少4家，说明广东省经济发展活力充足（见表1-6、图1-6）。

表1-6　2018年全国、中部六省及东南四省上市公司板块数量分布状况　单位：家

地区/板块	主板	中小企业板	创业板	总计
河南	40	26	13	79
山西	30	4	3	37
湖北	67	13	22	102
安徽	63	27	14	104
湖南	50	30	25	105
江西	24	9	8	41
广东	180	236	174	590
浙江	207	142	82	431
江苏	197	105	99	401
山东	99	68	30	197
全国	1929	917	738	3584

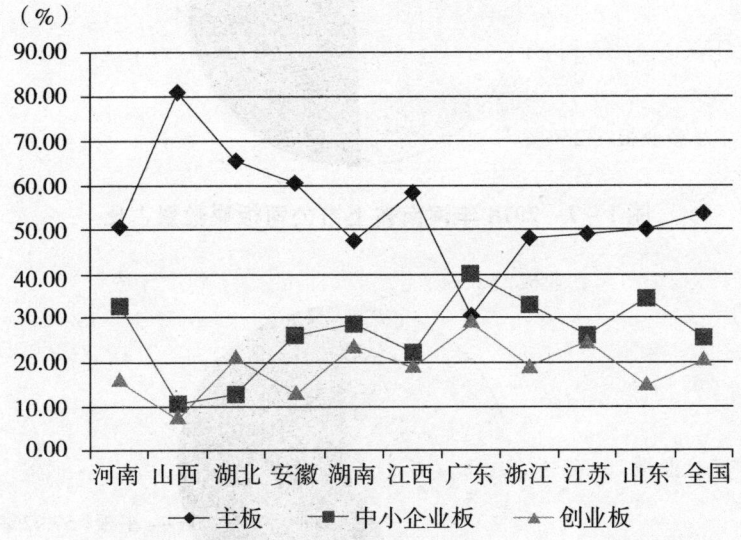

图1-6　2018年全国、中部六省及东南四省上市公司各板块占比

河南省A股上市公司主板40家公司总市值为4055.77亿元，占比

57.92%,平均市值101.39亿元;中小板26家公司总市值为2550.82亿元,占比36.43%,平均市值98.11亿元;创业板13家公司总市值为395.33亿元,占比5.65%,平均市值30.41亿元。上市公司数量与总市值和平均市值基本呈同方向变动趋势,即以主板为主,中小企业板和创业板次之(见表1-7、图1-7、图1-8)。

表1-7 2018年河南省上市公司数量、总市值占比及平均市值

板块	上市公司数量(家)	总市值(亿元)	平均市值(亿元)
主 板	40	4055.77	101.39
中小板	26	2550.82	98.11
创业板	13	395.33	30.41

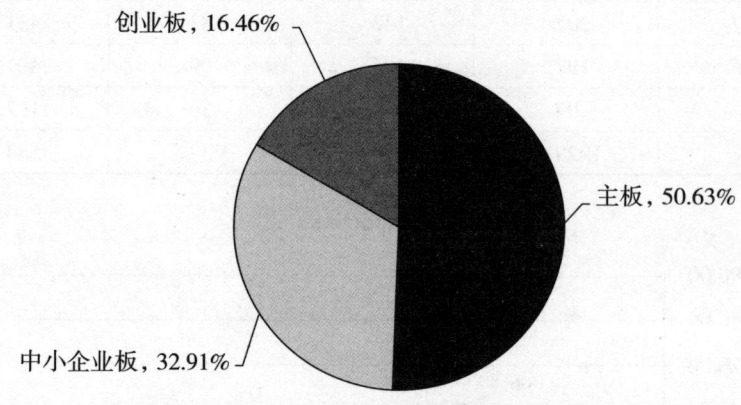

图1-7 2018年河南省上市公司板块数量占比

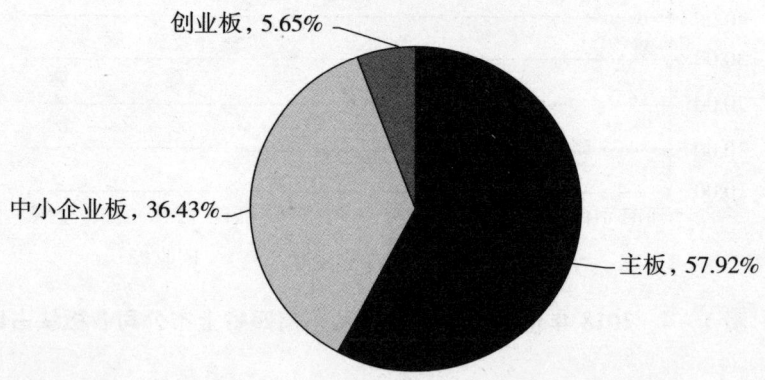

图1-8 2018年河南省上市公司板块总市值占比

第四节 河南省上市公司的行业分布

按照 Wind 行业的分类标准统计法，上市公司的分类一般可以分为能源、材料、工业、可选消费、日常消费、医疗保健、金融、信息技术、电信服务和公用事业等一级行业，具体还包括详细的二级行业、三级行业和四级行业。Wind 行业的分类标准主要是依据上市公司的主营业务来确定，上市公司所从事的经营活动决定了企业的性质，对企业的技术水平和盈利能力起着关键性的作用。通常而言，我国 A 股上市公司的行业分布主要集中在工业类、材料类、可选消费类和信息技术类领域，在医疗保健类、日常消费类、房地产类、共用事业类行业的分布次之，在金融类和电信服务类行业的分布相对较少，在能源类行业的分布也随着我国经济结构的不断优化升级而日益减少。

目前河南省 79 家上市公司在 Wind 行业中主要分布在材料类、工业类、日常消费类和信息技术类，其数量分别为 23 家、18 家、9 家和 9 家，占河南省上市公司总数量的比重分别为 29.11%、22.78%、11.39% 和 1.39%；在可选消费类、医疗保健类、能源类、公用事业类和金融类分别为 7 家、6 家、3 家、2 家和 2 家，其数量占比分别为 8.86%、7.59%、3.80%、2.53% 和 2.53%；而河南省在电信服务类和房地产类没有上市公司。

在中部六省中，河南省上市公司在材料类行业的分布数量排名位居首位，其次在日常消费行业排名第二，能源、信息技术、医疗保健和金融行业排名第三，工业和可选消费行业排名第四，公用事业排名第五。同时需要引起我们注意的是，在我们所研究的中部六省和东南四省共 10 个省份中，均没有出现属于电信服务行业的上市公司（见表 1-8）。

表 1-8　全国、中部六省及东南四省上市公司行业分布状况

（截至 2018 年 12 月 31 日）

行业/地区	河南	山西	湖北	安徽	湖南	江西	广东	浙江	江苏	山东
能源	3	11	1	4	0	1	1	2	5	7
材料	23	10	15	22	14	13	62	66	75	48
工业	18	4	23	29	26	9	149	129	136	54
可选消费	7	2	11	20	18	2	96	103	73	29
日常消费	9	2	4	8	19	2	25	10	6	21
医疗保健	6	4	10	5	11	6	41	39	20	17
金融	2	1	3	3	4	0	12	4	12	1
信息技术	9	0	26	9	10	5	164	59	62	14
电信服务	0	0	0	0	0	0	0	0	0	0
公用事业	2	2	5	1	3	2	13	4	5	3
房地产	0	1	4	3	0	1	27	15	7	3

中部六省中，除了山西省由于特殊的地理资源环境（煤炭资源丰富）使得上市公司在能源领域有 11 家之外，包括河南省在内的其余 5 省主要分布在材料、工业、可选消费和日常消费领域等方面，而在电信服务、金融、房地产、公用事业领域的分布则相对较少。与中部其余 4 省（山西除外）相比，河南省在能源、材料行业分布比重最高，在工业、可选消费、金融领域占比最低（见图 1-9）。与东南四省相比，

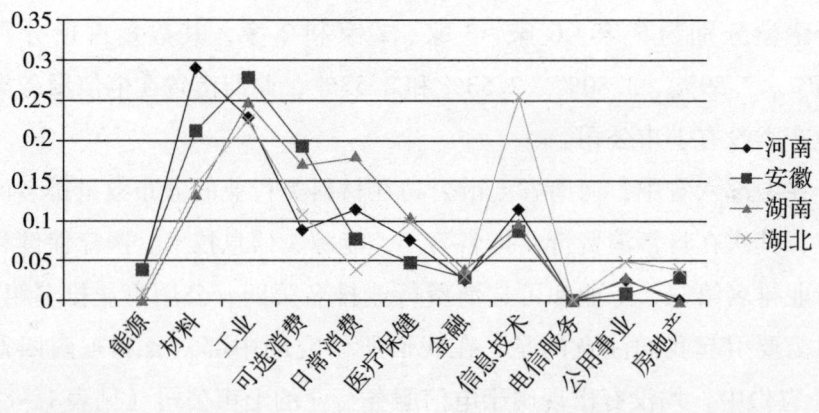

图 1-9　河南省与安徽、湖南、湖北三省上市公司行业占比

第一章 河南省上市公司概况

河南 A 股上市公司在能源、材料和日常消费领域所占比重要高于东南四省，但在工业、可选消费领域所占比重却明显低于东南四省（图 1 – 10）。

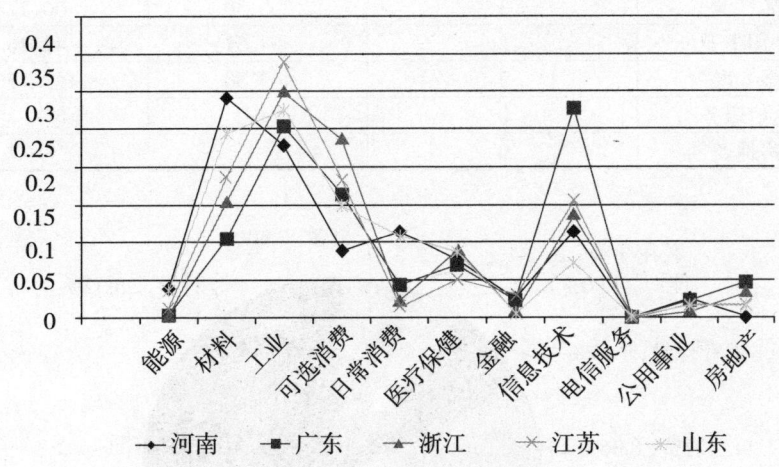

图 1 – 10　河南省与东南四省上市公司行业占比

河南省上市公司行业分布占比状况与总市值占比状况基本保持一致，材料行业的上市公司数量最多（20 家），总市值（1813.24 亿元）最大；工业（19 家）行业总市值（1029.51 亿元）却要低于日常消费（9 家）行业总市值（1630.81 亿元）；信息技术行业（10 家）上市公司数量多余医疗保健行业（6 家），但总市值却低于医疗保健行业；可选消费和金融行业上市公司数量相差较多，但总市值却基本相近。这无疑很好地说明了不同行业的上市公司其经营状况或盈利能力还是存在很大的差别，需要我们区别对待（见表 1 – 9、图 1 – 11、图 1 – 12）。

表 1 – 9　2018 年河南省上市公司数量和总市值分布行业统计表

所属行业	上市公司数量（家）	总市值（亿元）	平均市值（亿元）
材　料	20	1813.24	90.66
工　业	19	1029.51	54.18
日常消费	9	1630.81	181.20
信息技术	10	617.78	61.78
可选消费	7	484.87	69.27

续表

所属行业	上市公司数量（家）	总市值（亿元）	平均市值（亿元）
医疗保健	6	691.59	115.27
能源	3	200.30	66.77
公用事业	2	84.51	42.26
金融	3	449.30	149.77
电信服务	0	—	—
房地产	0	—	—

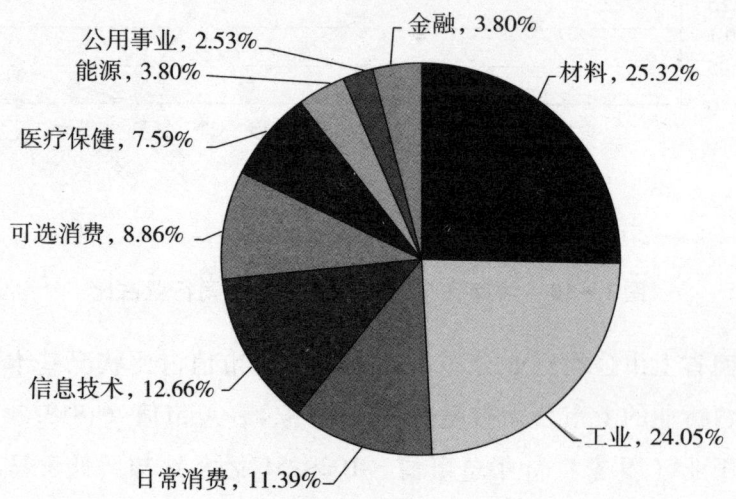

图 1-11 2018 年河南省上市公司行业分布的数量占比

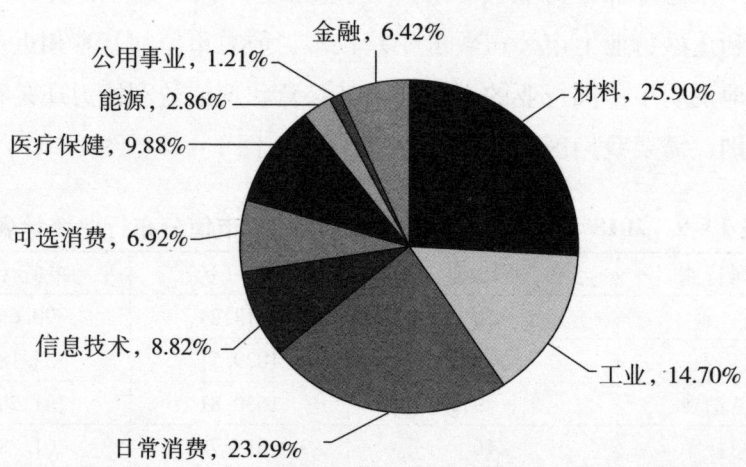

图 1-12 2018 年河南省上市公司行业分布的总市值占比

第五节 河南省上市公司所有制结构分析

在对上市公司进行分类时,依据公司属性的不同,可以把上市公司分为国有企业、民营企业、公众企业、集体企业、外资企业和其他企业。为了研究的需要,本节仅对上市公司中的国有企业和民营企业进行比较分析。截至 2018 年 12 月 31 日,河南省 79 家上市公司中,民营企业 44 家,高于山西省(14 家)和江西省(18 家),但是低于湖北省(53 家)、安徽省(56 家)和湖南省(62 家);河南省上市公司中,国有企业 30 家,同样高于江西省(19 家)和山西省(22 家),低于安徽省(43 家)、湖南省(39 家)和湖北省(38 家)。在国有企业和民营企业的数量对比上,河南省上市公司中民营企业数量是国有企业的 1.47 倍,高于安徽省(1.30 倍)、湖北省(1.39 倍)、江西省(0.95 倍)和山西省(0.64 倍),略低于湖南省(1.59 倍),但远低于山东省(2.33 倍)、广东省(3.88 倍)、江苏省(4.71 倍)和浙江省(8.40 倍)。就河南省 79 家上市公司而言,民营企业所占比重为 55.70%,高于安徽省(53.85%)、湖北省(51.96%)、江西省(43.90%)和山西省(37.84%),略低于湖南省(59.05%),但是远低于山东省(64.97%)、广东省(69.66%)、江苏省(74.06%)和浙江省(83.76%)。国有企业占比基本与此相反(见表 1-10、图 1-13)。

表 1-10　2018 年中部六省及东南四省上市公司所有制结构分析

公司属性/省份	河南	安徽	湖南	湖北	江西	山西	广东	浙江	江苏	山东
国有企业	30	43	39	38	19	22	106	43	63	55
民营企业	44	56	62	53	18	14	411	361	297	128
集体企业	—	3	—	2	—	—	—	2	2	3
公众企业	3	1	1	5	4	—	40	8	23	3

续表

公司属性/省份	河南	安徽	湖南	湖北	江西	山西	广东	浙江	江苏	山东
外资企业	2	1	1	2	—	—	32	10	14	5
其他企业	—	—	2	2	—	1	1	7	2	3

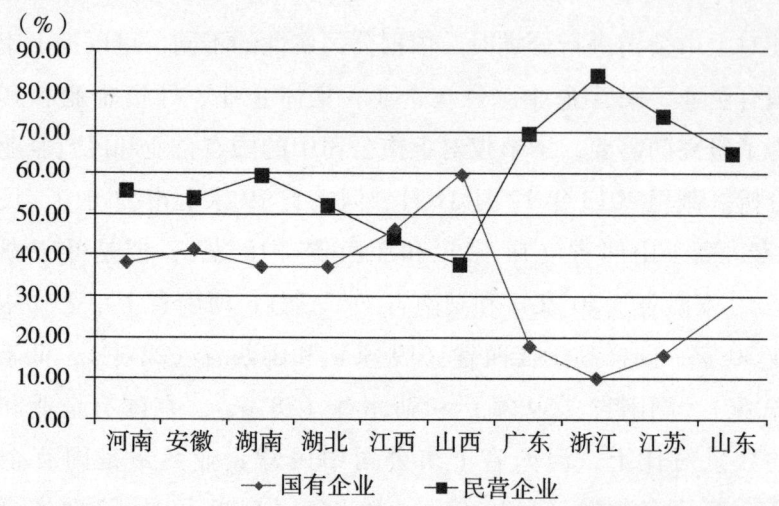

图 1-13 2018 年中部六省及东南四省上市公司所有制结构数量占比

第六节 河南省上市公司资产规模分析

上市公司的资产规模是上市公司实力的象征，资产规模的大小决定了上市公司创造能力的大小，决定了上市公司能创造多少社会价值或者带来多少社会就业。在综合考虑对一般企业的分类时，为了更好地反映上市公司的资产状况，我们将上市公司的资产规模划分为4个等级，即大于1000亿元、100亿~1000亿元、10亿~100亿元、小于10亿元。

河南省上市公司总资产高于（含）1000亿元的为0家，与江西省（0家）持平，湖北省3家、山西省、安徽省、湖南省各1家；东南四省中，

第一章 河南省上市公司概况

广东省 22 家、江苏省 9 家、浙江省、山东省各 4 家。河南省 A 股上市公司总资产在 100 亿～1000 亿元之间的占比为 29.11%，位居中部六省第 2 位；低于山西省（42.11%），远高于东南四省；河南省上市公司总资产在 10 亿～100 亿元之间的占比达到 62.03%，在中部六省中仅次于安徽省（66.35%），与东南四省基本持平；河南省 A 股上市公司总资产小于 10 亿元的企业占比为 8.86%，在中部六省中仅高于山西省（5.41%），低于湖北省（14.71%）、安徽省（11.54%）、湖南省（24.76%）和江西省（14.63%）；与东南四省相比，也低于广东省（20.85%）、浙江省（23.13%）、江苏省（20.20%）和山东省（15.74%）。值得注意的是，湖南省 A 股上市公司总资产小于 10 亿元的企业占比（24.76%）不仅在中部六省中居于首位，甚至比东南四省还要高（见表 1-11、图 1-14）。

表 1-11 2018 年全国、中部六省及东南四省上市公司资产规模分类统计表

总资产（亿元）	河南	山西	湖北	安徽	湖南	江西	广东	浙江	江苏	山东
大于 1000	0	1	3	1	1	0	22	4	9	4
100～1000	23	16	23	22	19	9	86	49	55	35
10～100	49	18	61	69	59	26	359	282	256	127
小于 10	7	2	15	12	26	6	123	96	81	31

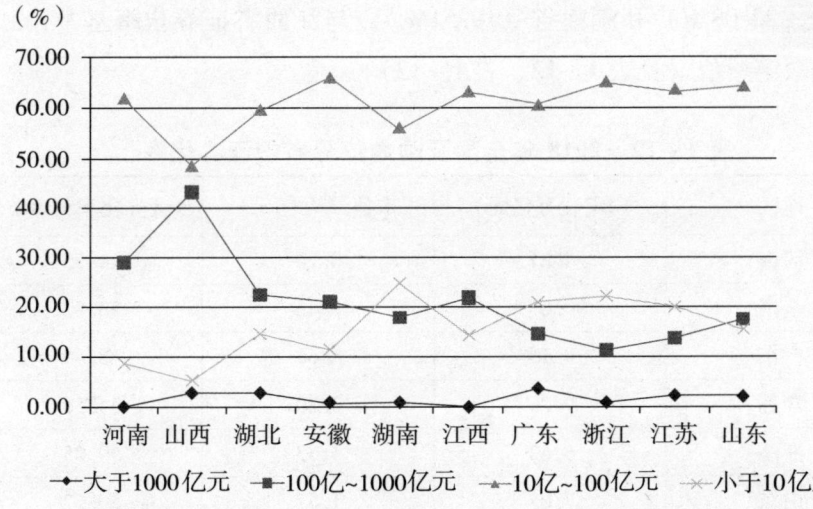

图 1-14 全国、中部六省及东南四省上市公司规模占比情况

第七节 河南省证券化率情况

证券化率是指一个国家或地区各类证券总市值与该国国内生产总值的比率,在实际测算中,证券总市值通常用股票总市值来代表。证券化率越高,意味着证券市场在国民经济中的地位越重要,因此它是衡量一国或地区证券市场发展程度的重要指标。同时证券化率还可以反映一个地区对证券市场的利用程度。

河南省作为一个经济大省,其证券化率并不是太高,2018年河南省证券化率只有14.55%,远低于全国证券化率水平(53.82%)。与相对比较发达的东南四省相比,同样处于较低水平,远低于广东省(88.49%)和浙江省(59.25%),略低于江苏省(34.56%)和山东省(20.52%)。

与中部其余五省相比,河南省GDP总量远高于其他五省,位居中部第一;但是其证券化率却要低于安徽省(29.00%)、山西省(25.00%)、湖北省(22.08%)和湖南省(19.51%),与江西省证券化率基本一致,并列倒数第一位(见表1-12、表1-13)。

表1-12 2018年全国及国内部分省份证券化率

地区	GDP（万亿元）	市值（万亿元）	证券化率（%）
河南	4.81	0.70	14.55
全国	90.03	48.45	53.82
广东	9.73	8.61	88.49
江苏	9.26	3.20	34.56
浙江	5.62	3.33	59.25
山东	7.65	1.57	20.52

表 1-13　2018 年河南及中部其余五省证券化率

地区	GDP（万亿元）	市值（万亿元）	证券化率（%）
河南	4.81	0.70	14.55
湖北	3.94	0.87	22.08
湖南	3.64	0.71	19.51
安徽	3.00	0.87	29.00
江西	2.20	0.32	14.55
山西	1.68	0.42	25.00

2012 年以来，河南省 GDP 总量和上市股票总市值基本保持着相对比较平稳的增长态势，但河南省证券化率却并非一直保持稳定的增长态势，2015 年是河南省证券化率最高的一年，达到 23.78%，2016 年、2017 年出现一定程度的下降，但下降幅度不大，并重新保持在 20% 以上的水平，但是在 2018 年受整体经济形势的影响，河南省证券化率降到了 14.55%（见表 1-14、图 1-15）。

表 1-14　2012—2018 年河南省证券化率变化表

年份	GDP（万亿元）	市值（万亿元）	证券化率（%）
2012	2.96	0.41	13.85
2013	3.22	0.45	13.98
2014	3.49	0.56	16.05
2015	3.70	0.88	23.78
2016	4.05	0.88	21.73
2017	4.50	0.98	21.78
2018	4.81	0.70	14.55

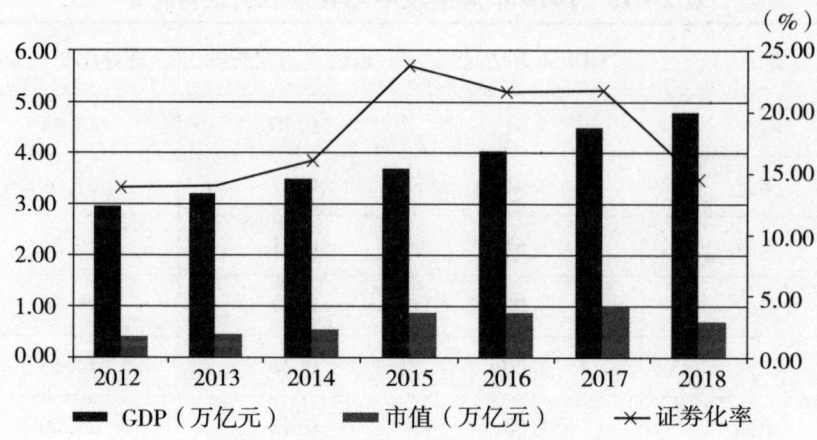

图 1-15　2012—2018 年河南省证券化率变化趋势

第八节　河南省境内外上市公司一览表

截至 2018 年 12 月 31 日，河南省境内沪深市场共有 A 股上市公司 79 家，仅比 2017 年增加了 1 家，即郑州银行，所属 Wind 行业为金融。难能可贵的是河南省 A 股上市公司在金融行业的分布相对较少，以中原证券、郑州银行为代表的上市公司，为河南省金融领域上市公司的发展开创了先河，对河南省上市公司乃至金融市场的发展具有至关重要的作用。河南省境内 A 股上市公司名单（见表 1-15）。

表 1-15　河南省境内 A 股上市公司名单

（截至 2018 年 12 月 31 日）

证券代码	证券简称	上市日期	总市值（亿元）	所属 Wind 行业	上市板	城市
002936.SZ	郑州银行	2018-9-19	273.96	金融	中小企业板	郑州市
300732.SZ	设研院	2017-12-12	43.55	工业	创业板	郑州市
300701.SZ	森霸传感	2017-9-15	24.89	信息技术	创业板	南阳市

第一章 河南省上市公司概况

续表

证券代码	证券简称	上市日期	总市值（亿元）	所属Wind行业	上市板	城市
002857.SZ	三晖电气	2017-3-23	15.05	工业	中小企业板	郑州市
601375.SH	中原证券	2017-1-3	131.29	金融	主板	郑州市
603658.SH	安图生物	2016-9-1	205.34	医疗保健	主板	郑州市
603508.SH	思维列控	2015-12-24	63.70	信息技术	主板	郑州市
300480.SZ	光力科技	2015-7-2	17.57	工业	创业板	郑州市
002770.SZ	科迪乳业	2015-6-30	30.55	日常消费	中小企业板	商丘市
300481.SZ	濮阳惠成	2015-6-30	27.61	材料	创业板	濮阳市
603566.SH	普莱柯	2015-5-18	38.23	医疗保健	主板	洛阳市
300437.SZ	清水源	2015-4-23	25.50	材料	创业板	济源市
002714.SZ	牧原股份	2014-1-28	599.50	日常消费	中小企业板	南阳市
603993.SH	洛阳钼业	2012-10-9	763.49	材料	主板	洛阳市
601038.SH	一拖股份	2012-8-8	35.01	工业	主板	洛阳市
601608.SH	中信重工	2012-7-6	112.82	工业	主板	洛阳市
601677.SH	明泰铝业	2011-9-19	51.85	材料	主板	郑州市
300263.SZ	隆华科技	2011-9-16	36.60	工业	创业板	洛阳市
300259.SZ	新天科技	2011-8-31	32.45	工业	创业板	郑州市
002613.SZ	北玻股份	2011-8-30	24.93	工业	中小企业板	洛阳市
300248.SZ	新开普	2011-7-29	32.67	信息技术	创业板	郑州市
002601.SZ	龙蟒佰利	2011-7-15	249.94	材料	中小企业板	焦作市
002582.SZ	好想你	2011-5-20	38.78	日常消费	中小企业板	新郑市
002560.SZ	通达股份	2011-3-3	23.04	工业	中小企业板	洛阳市
300179.SZ	四方达	2011-2-15	20.15	材料	创业板	郑州市
002535.SZ	林州重机	2011-1-11	25.81	工业	中小企业板	安阳市
002536.SZ	西泵股份	2011-1-11	30.94	可选消费	中小企业板	南阳市
002477.SZ	雏鹰农牧	2010-9-15	47.03	日常消费	中小企业板	郑州市
300109.SZ	新开源	2010-8-25	29.97	材料	创业板	焦作市
601717.SH	郑煤机	2010-8-3	90.28	工业	主板	郑州市

续表

证券代码	证券简称	上市日期	总市值（亿元）	所属Wind行业	上市板	城市
002448.SZ	中原内配	2010-7-16	32.69	可选消费	中小企业板	焦作市
300080.SZ	易成新能	2010-6-25	21.87	信息技术	创业板	开封市
002423.SZ	中原特钢	2010-6-3	44.06	金融	中小企业板	济源市
002406.SZ	远东传动	2010-5-18	29.68	可选消费	中小企业板	许昌市
002407.SZ	多氟多	2010-5-18	77.01	材料	中小企业板	焦作市
300064.SZ	豫金刚石	2010-3-26	53.76	材料	创业板	郑州市
002358.SZ	森源电气	2010-2-10	165.50	工业	中小企业板	许昌市
002321.SZ	华英农业	2009-12-16	27.57	日常消费	中小企业板	信阳市
300007.SZ	汉威科技	2009-10-30	28.75	信息技术	创业板	郑州市
002296.SZ	辉煌科技	2009-9-29	19.21	信息技术	中小企业板	郑州市
002225.SZ	濮耐股份	2008-4-25	39.26	材料	中小企业板	濮阳市
002216.SZ	三全食品	2008-2-20	58.94	日常消费	中小企业板	郑州市
002189.SZ	利达光电	2007-12-3	29.60	信息技术	中小企业板	南阳市
002179.SZ	中航光电	2007-11-1	266.39	信息技术	中小企业板	洛阳市
002132.SZ	恒星科技	2007-4-27	34.18	材料	中小企业板	郑州市
002087.SZ	新野纺织	2006-11-30	28.83	可选消费	中小企业板	南阳市
601666.SH	平煤股份	2006-11-23	83.11	能源	主板	平顶山市
002046.SZ	轴研科技	2005-5-26	33.30	工业	中小企业板	洛阳市
002007.SZ	华兰生物	2004-6-25	305.07	医疗保健	中小企业板	新乡市
600469.SH	风神股份	2003-10-21	19.85	可选消费	主板	焦作市
600403.SH	大有能源	2003-10-9	87.74	能源	主板	三门峡市
600020.SH	中原高速	2003-8-8	82.48	工业	主板	郑州市
600439.SH	瑞贝卡	2003-7-10	30.00	日常消费	主板	许昌市
600531.SH	豫光金铅	2002-7-30	38.05	材料	主板	济源市
600595.SH	中孚实业	2002-6-26	38.05	材料	主板	郑州市
600569.SH	安阳钢铁	2001-8-20	72.53	材料	主板	安阳市
600312.SH	平高电气	2001-2-21	109.64	工业	主板	平顶山市

续表

证券代码	证券简称	上市日期	总市值（亿元）	所属Wind行业	上市板	城市
600285.SH	羚锐制药	2000-10-18	44.10	医疗保健	主板	信阳市
600222.SH	太龙药业	1999-11-5	19.51	医疗保健	主板	郑州市
000949.SZ	新乡化纤	1999-10-21	33.71	材料	主板	新乡市
000933.SZ	神火股份	1999-8-31	74.12	材料	主板	商丘市
600207.SH	安彩高科	1999-7-14	37.45	工业	主板	安阳市
000885.SZ	城发环境	1999-3-19	35.59	工业	主板	郑州市
000895.SZ	双汇发展	1998-12-10	778.37	日常消费	主板	漯河市
600172.SH	黄河旋风	1998-11-26	45.03	材料	主板	许昌市
600186.SH	莲花健康	1998-8-25	20.07	日常消费	主板	周口市
001896.SZ	豫能控股	1998-1-22	35.09	公用事业	主板	郑州市
600121.SH	郑州煤电	1998-1-7	29.45	能源	主板	郑州市
600066.SH	宇通客车	1997-5-8	262.35	可选消费	主板	郑州市
600069.SH	银鸽投资	1997-4-30	47.25	材料	主板	漯河市
000400.SZ	许继电气	1997-4-18	89.64	工业	主板	许昌市
000719.SZ	中原传媒	1997-3-31	80.53	可选消费	主板	焦作市
000676.SZ	智度股份	1996-12-24	91.65	信息技术	主板	郑州市
600781.SH	辅仁药业	1996-12-18	79.34	医疗保健	主板	周口市
600753.SH	东方银星	1996-9-27	18.79	工业	主板	商丘市
000612.SZ	焦作万方	1996-9-26	47.21	材料	主板	焦作市
600876.SH	洛阳玻璃	1995-10-31	39.07	信息技术	主板	洛阳市
600810.SH	神马股份	1994-1-6	44.58	材料	主板	平顶山市
000544.SZ	中原环保	1993-12-8	49.42	公用事业	主板	郑州市

目前因为境外市场对上市公司的各项标准划分与国内沪深市场存在较大的差别，因而尚没有统一的口径对河南省境内外上市公司进行统一的研究。目前河南省境外上市股主要包括香港股票、新加坡中国股和纳斯达克中国股，具体名单见表1-16。

表1-16 河南省境外上市公司名单

（截至2018年12月31日）

	证券代码	证券简称	上市日期	总市值（亿元）	所属Wind行业	上市板	城市
香港股票	4617.HK	ZYBNK 18USDPREF	2018-11-22	—	金融	主板	郑州市
	3616.HK	恒达集团控股	2018-11-12	9.96	房地产	主板	许昌市
	1969.HK	中国春来	2018-9-13	18.12	可选消费	主板	商丘市
	1652.HK	福森药业	2018-7-11	19.68	医疗保健	主板	南阳市
	4613.HK	ZZBNK 17USDPREF	2017-10-19	—	金融	主板	郑州市
	6885.HK	金马能源	2017-10-10	22.33	能源	主板	济源市
	1216.HK	中原银行	2017-7-19	501.88	金融	主板	郑州市
	6169.HK	宇华教育	2017-2-28	103.83	可选消费	主板	郑州市
	1570.HK	伟业控股	2016-4-6	7.18	房地产	主板	郑州市
	6196.HK	郑州银行	2015-12-23	312.66	金融	主板	郑州市
	1375.HK	中州证券	2014-6-25	149.84	金融	主板	郑州市
	3836.HK	和谐汽车	2013-6-13	44.90	可选消费	主板	郑州市
	0564.HK	郑煤机	2012-12-5	103.04	工业	主板	郑州市
	1252.HK	中国天瑞水泥	2011-12-23	189.81	材料	主板	平顶山市
	1269.HK	首控集团	2011-11-23	223.70	可选消费	主板	南阳市
	1600.HK	天伦燃气	2010-11-10	63.73	公用事业	主板	郑州市
	1866.HK	中国心连心化肥	2009-12-8	29.99	材料	主板	新乡市
	0832.HK	建业地产	2008-6-6	78.66	房地产	主板	郑州市
	3993.HK	洛阳钼业	2007-4-26	871.37	材料	主板	洛阳市
	3330.HK	灵宝黄金	2006-1-12	11.32	材料	主板	三门峡市
	2889.HK	镍资源国际	2005-5-19	7.54	材料	主板	郑州市
	8165.HK	华普智通	2001-12-10	0.86	信息技术	创业板	郑州市
	0038.HK	第一拖拉机股份	1997-6-23	39.96	工业	主板	洛阳市
	1108.HK	洛阳玻璃股份	1994-7-8	44.59	信息技术	主板	洛阳市

第一章 河南省上市公司概况

续表

	证券代码	证券简称	上市日期	总市值（亿元）	所属Wind行业	上市板	城市
新加坡中国股	5EG. SG	ZHONGXIN FRUIT AND JUICE	2004-3-24	0.12	日常消费	创业板	三门峡市
	BHD. SG	阳光控股	2006-3-31	0.05	房地产	主板	郑州市
	C8R. SG	九　天	2006-11-8	0.35	材　料	主板	安阳市
纳斯达克中国股	YECOF. OO	宇隆环保建材	2015-6-29	0.07	材　料	主板	平顶山市

本章小结

本章主要分析了河南省上市公司的发展状况，从河南省上市公司的数量演变、地域分布、板块分布、行业分布、所有制结构和资产规模等方面进行了详细的分析，并与全国以及中部的湖南、湖北、安徽、山西、江西五省和东南的广东、浙江、江苏、山东四省进行了对比。具体而言，在上市公司数量方面，河南省上市公司历年数量整体呈现出相对平稳的发展态势，尤其是近年来增长数量相对较少，并且河南省上市公司的数量与总市值明显与其经济规模不匹配；在地域分布方面，河南省上市公司明显呈现出省会城市"一枝独大"的分布趋势，郑州28家、洛阳10家、焦作7家，但是驻马店和鹤壁却均为0家，分布明显不均衡；板块分布方面，河南省79家上市公司板块分布以主板（40家）为主，中小板（26家）次之，再者就是创业板（13家），说明河南省上市公司整体缺乏活力；行业分布方面，河南省上市公司在材料、工业行业分布比重最高，占比为49.37%，在可选消费、日常消费、医疗保健、信息技术领域分布比较均衡，共计占比40.51%，在能源、金融和公用事业领域占比较低，仅为10.13%，在电信服务和房地产行业未有分布，这与河南省的地理位置与产业结构有着很大的关系；所有制结构方面，河南省上市公司中民营企业（44家）数量要多于国有企业（30家）的数量；资产规模方面，河南省上市公司资产规模范围以10亿~100亿元之间为主，100亿~1000亿元次之，缺乏资产估摸大于1000亿元的大型企业；近几年来，河南省证券化率相对较低，维持在20%左右的水平，尤其是在今年，受整体经济环境的影响，河南省证券化率仅为14.55%。总体而言，河南省上市公司的发展状况与东南四省存在较大的差距，在中部六省中也处于相对比较居中的水平。

第二章 河南省上市公司财务绩效分析

第一节 河南省上市公司财务绩效的基本情况

衡量上市公司盈利能力的财务指标有净资产收益率、总资产净利率、销售毛利率和销售净利率等。其中,净资产收益率是公司税后利润除以净资产得到的百分比率,是反映资本经营盈利能力的基本指标。资本经营盈利能力是企业的所有者通过投入资本经营取得利润的能力。净资产收益率是反映企业自有资本及其积累获取报酬水平的最具综合性与代表性的指标,该指标不受行业不同的限制,通用性强,适用范围广。一般来说,净资产收益率越高,资本营运效益越好,投资者和债权人受保障的程度也越高。在中国国有资本绩效评价指标体系中,净资产收益率指标所占的权重在企业绩效评价中处于重要地位。因此,选取净资产收益率来衡量河南省上市公司的盈利能力。

衡量上市公司偿债能力的财务指标有资产负债率、流动比率和速动比率等。其中,资产负债率是企业负债总额占资产总额的百分比,也称为债务比率。它表明企业以负债方式筹集的资金占企业全部资产的比重,反映了债权人发放贷款的安全程度,同时反映了企业利用债权人的资金进行财务活动的能力。资产负债率是衡量企业负债水平及风险程度的重要标志,综合反映了企业的偿债能力。因此,选取资产负债率来衡量河南省上市公司的偿债能力。

衡量上市公司成长能力的财务指标有营业收入增长率、资本积累率、总资产增长率和固定资产成新率等。其中,营业收入增长率是指企业本年营业收入总额同上年营业收入总额差值的比率,是衡量企业经营状况和市场占有能力、预测企业经营业务拓展趋势的重要指标，也是企业增量和存量资本增长的重要前提。营业收入是企业利润的源泉，企业的销售情况越好，说明其在市场所占的份额越多，实现的营业收入也就越多，企业生存和发展的市场空间也就越大，因此营业收入增长率可以较好反映企业的成长发展能力。因此，选取营业收入增长率来衡量河南省上市公司的成长能力。

衡量上市公司营运能力的财务指标有总资产周转率、应收款项周转率、存货周转率和固定资产周转率等。其中，总资产周转率是指企业一定时期主营业务收入净额同平均资产的比值，是综合评价企业全部资产经营质量和利用效率的重要指标。总资产周转率体现了企业经营期间全部资产从投入到产出周而复始的流动速度，通过当年已实现的营业价值与全部资产进行比较，反映出企业一定时期的实际产出质量以及对每单元资产实现的价值补偿。通过总资产周转率指标的对比分析，不但能够反映出企业本年度以及以前年度总资产的运营效率及其变化，而且能发现企业与同类企业在资产利用上存在的差距。总资产周转率是反映营运能力的重要指标。因此，选取总资产周转率来衡量河南省上市公司的营运能力。

衡量上市公司股本扩张能力的财务指标有每股净资产、每股公积金和每股未分配利润等。其中，每股净资产是上市公司年底股东权益与年底普通股股份总数的比值。每股净资产值反映了每股股票代表的公司净资产价值，为支撑股票市场价格的重要基础。每股净资产值越大，表明公司每股股票代表的财富越雄厚，通常创造利润的能力和抵御外来因素影响的能力越强，每股净资产是反映股本扩张能力的重要指标。因此选取每股净资产来衡量河南省上市公司的股本扩张能力。

2018 年上市公司年报工作 4 月底结束，从河南上市公司情况来看，可以说总体形势是好的。据 Wind 数据显示统计：79 家上市公司共实现营业收入总额达 4993.62 亿元，比 2017 年增加 35 亿元。从 79 家上市公司净利润情况来看，其中 64 家上市公司实现较好利润，15 家企业净利

第二章 河南省上市公司财务绩效分析

润显示亏损，相比2017年上市公司年报数据多出8家（见表2-1）。想更好的评估河南省各上市公司指标，需要进行横向和纵向对比。接下从盈利能力、偿债能力、成长能力、营运能力、股本扩张能力五个方面衡量的财务绩效分析河南省上市公司基本特征。

表2-1 河南省79家上市公司财务指标数据

证券代码	证券简称	净资产收益率（%）	资产负债率（%）	营业收入同比增长率（%）	总资产周转率（次）	每股净资产（相对年初增长率）（%）
000895.SZ	双汇发展	35.624	37.358	-3.341	2.154	-11.239
603993.SH	洛阳钼业	11.720	50.998	4.793	0.261	7.314
002936.SZ	郑州银行	8.885	91.877	—	0.025	6.250
600066.SH	宇通客车	14.321	54.466	-4.497	0.870	7.362
002601.SZ	龙蟒佰利	18.062	39.619	0.896	0.505	-3.595
600569.SH	安阳钢铁	25.124	74.472	22.785	0.984	29.033
002007.SZ	华兰生物	22.357	11.096	36.096	0.549	18.440
002179.SZ	中航光电	17.442	50.544	23.022	0.670	23.676
600781.SH	辅仁药业	17.771	48.993	8.883	0.613	17.413
601717.SH	郑煤机	7.479	56.118	244.677	1.111	6.083
600020.SH	中原高速	6.552	77.644	-6.681	0.115	-16.190
000719.SZ	中原传媒	9.862	32.679	10.132	0.801	7.243
601666.SH	平煤股份	5.758	69.958	-2.918	0.438	7.501
000676.SZ	智度股份	13.071	25.662	20.167	1.029	16.039
600403.SH	大有能源	8.374	50.737	15.242	0.465	21.107
600810.SH	神马股份	22.755	63.416	4.347	1.068	25.678
000885.SZ	城发环境	26.770	67.541	-57.125	0.250	33.223
603658.SH	安图生物	31.290	25.999	37.934	0.797	15.674
002714.SZ	牧原股份	4.157	54.066	33.319	0.497	-46.395
601677.SH	明泰铝业	8.794	34.735	28.515	1.482	11.198
000544.SZ	中原环保	7.361	33.027	4.978	0.130	-29.496

续表

证券代码	证券简称	净资产收益率（%）	资产负债率（%）	营业收入同比增长率（%）	总资产周转率（次）	每股净资产（相对年初增长率）（%）
002087.SZ	新野纺织	10.801	59.213	16.684	0.642	20.100
300732.SZ	设研院	16.648	46.375	21.403	0.353	-24.460
600312.SH	平高电气	3.221	58.991	20.708	0.519	0.819
002448.SZ	中原内配	11.043	33.843	5.934	0.401	12.439
002358.SZ	森源电气	5.665	45.724	-24.007	0.303	3.092
002406.SZ	远东传动	11.339	13.058	13.114	0.622	3.910
300437.SZ	清水源	18.836	57.293	103.595	0.489	19.355
002536.SZ	西泵股份	11.568	40.802	5.794	0.818	7.090
600285.SH	羚锐制药	11.430	32.653	10.947	0.640	-3.280
000933.SZ	神火股份	3.981	85.687	-0.781	0.351	2.967
600439.SH	瑞贝卡	8.481	41.190	-3.708	0.404	7.160
002225.SZ	濮耐股份	9.112	47.366	37.350	0.779	9.888
000400.SZ	许继电气	2.605	42.697	-20.281	0.550	2.367
603508.SH	思维列控	7.207	5.951	17.252	0.192	4.833
002189.SZ	利达光电	21.944	63.596	55.733	1.469	66.591
600121.SH	郑州煤电	4.557	65.621	-16.617	0.401	2.287
300259.SZ	新天科技	7.873	19.389	15.079	0.358	-52.763
300263.SZ	隆华科技	5.387	36.475	51.238	0.398	2.107
603566.SH	普莱柯	8.464	14.057	14.922	0.328	4.253
600531.SH	豫光金铅	4.016	69.512	10.882	1.785	0.896
002582.SZ	好想你	3.919	39.624	21.481	0.926	2.109
002770.SZ	科迪乳业	7.516	47.575	3.683	0.414	6.582
002321.SZ	华英农业	4.687	66.963	29.838	0.625	3.740
000949.SZ	新乡化纤	3.130	53.457	8.965	0.626	2.823
601608.SH	中信重工	1.484	62.596	12.893	0.264	0.140
300481.SZ	濮阳惠成	16.540	15.844	17.212	0.822	-6.199

续表

证券代码	证券简称	净资产收益率（%）	资产负债率（%）	营业收入同比增长率（%）	总资产周转率（次）	每股净资产（相对年初增长率）（%）
002216.SZ	三全食品	5.019	55.260	5.350	1.235	3.607
300064.SZ	豫金刚石	1.396	27.499	-19.060	0.133	1.034
300248.SZ	新开普	6.855	30.635	8.789	0.404	-28.544
300109.SZ	新开源	6.951	44.587	43.495	0.328	-23.748
300701.SZ	森霸传感	15.381	5.118	3.332	0.381	9.226
002407.SZ	多氟多	2.096	50.744	3.528	0.519	13.072
601375.SH	中原证券	0.654	73.254	—	0.040	-0.772
300179.SZ	四方达	7.829	22.223	20.133	0.364	0.231
300007.SZ	汉威科技	4.324	60.165	4.714	0.324	4.272
300480.SZ	光力科技	6.265	12.242	32.232	0.325	5.845
002613.SZ	北玻股份	2.546	20.117	-10.529	0.497	2.793
002857.SZ	三晖电气	8.329	26.721	13.428	0.394	-32.804
002296.SZ	辉煌科技	1.970	28.773	-3.415	0.246	2.918
002046.SZ	轴研科技	0.963	38.767	39.182	0.497	11.728
600753.SH	东方银星	12.168	21.768	458.010	8.514	12.954
600469.SH	风神股份	0.928	71.882	-15.267	0.854	5.126
600876.SH	洛阳玻璃	1.734	70.131	-6.632	0.477	109.553
002560.SZ	通达股份	-0.763	43.301	43.973	0.903	0.389
600069.SH	银鸽投资	-4.294	58.334	-3.726	0.659	-26.313
002423.SZ	中原特钢	-7.447	55.016	4.720	0.308	-7.455
600222.SH	太龙药业	-8.013	50.933	2.178	0.423	-6.791
002132.SZ	恒星科技	-4.930	48.696	-1.055	0.505	0.071
002535.SZ	林州重机	-5.120	62.623	24.906	0.271	-5.122
600172.SH	黄河旋风	-5.101	59.354	7.038	0.294	-8.161
300080.SZ	易成新能	-15.836	61.505	53.499	0.476	-30.101
600186.SH	*ST莲花	—	128.967	-6.500	0.961	-975.389

续表

证券代码	证券简称	净资产收益率（％）	资产负债率（％）	营业收入同比增长率（％）	总资产周转率（次）	每股净资产（相对年初增长率）（％）
600207.SH	安彩高科	-19.123	18.949	7.862	0.992	-17.425
000612.SZ	焦作万方	-9.896	43.242	-2.750	0.659	-10.297
001896.SZ	豫能控股	-10.964	69.655	-8.273	0.383	-10.393
601038.SH	一拖股份	-29.533	64.568	-23.400	0.417	-16.473
600595.SH	*ST中孚	-64.327	89.372	1.724	0.485	-36.403
002477.SZ	*ST雏鹰	-128.012	87.885	-37.727	0.162	-78.381

注：冠以"*ST"为警示。

一、总市值上市公司综合评估

总体分析来看河南省上市公司总市值为6815亿元，在全国排名第13位。与北京、广东、上海等省（直辖市）相比不论是总市值还是上市公司数量都相差甚远，但其在中部六省总市值和数量均居第四位。2018年79家河南省上市公司总市值为7001.92亿元，同比下降了23.4％，河南省79家上市公司中仅华生生物、郑州银行、森源电气、思维列控和神马股份五家公司市值正增长，其余74家上市公司市值均下降。河南省上市公司总市值前十名的企业中，双汇发展成为新的市值王，其总市值为778.3658亿元，但相比于2017年市值王洛阳钼业的1412亿元市值低了将近一半。

中国各省份总市值排名前十的省份以及各自对应的拥有上市公司的数量如表2-2所示。

表2-2 中国各省（直辖市）上市公司总市值排行榜

省份	总市值（亿元）	数量
北京	115908	321
广东	76460	614

续表

省份	总市值（亿元）	数量
上海	40251	325
浙江	33209	440
江苏	31059	411
山东	14645	204
福建	14122	133
四川	10725	123
贵州	9391	29
湖北	8313	105
安徽	7913	106
湖南	7058	105
河南	7002	79
河北	5979	57

注：总市值：2018年12月31日证监会算法（合计）。

通过在全国进行宏观对比后，进行省内上市公司的对比。我们列出河南省上市公司总市值前二十名的企业，其中双汇发展位居河南省上市公司总市值第一名，其总市值为778亿元，但值得说明的是与2017年相比其市值减少了接近100亿元。其市值与第二名和第三名上市公司的市值相接近，但与三名靠后的上市公司总市值相比，在总市值上具有较大的差距。前十名企业中，有新晋级的有两家企业，他们分别是郑州银行和森源电气。河南省79家上市公司中仅华生生物、郑州银行、森源电气、思维列控和神马股份五家公司市值正增长，其余74家上市公司市值均下降（见表2-3）。

表2-3 河南省上市公司总市值排名前二十企业信息

证券代码	证券简称	总市值（亿元）
000895.SZ	双汇发展	778
603993.SH	洛阳钼业	664

续表

证券代码	证券简称	总市值（亿元）
002714.SZ	牧原股份	600
002007.SZ	华兰生物	305
002179.SZ	中航光电	266
600066.SH	宇通客车	262
002601.SZ	龙蟒佰利	250
002936.SZ	郑州银行	223
603658.SH	安图生物	205
002358.SZ	森源电气	165
601375.SH	中原证券	114
601608.SH	中信重工	113
600312.SH	平高电气	110
000676.SZ	智度股份	92
000400.SZ	许继电气	90
600403.SH	大有能源	88
601666.SH	平煤股份	83
600020.SH	中原高速	82
601717.SH	郑煤机	82
000719.SZ	中原传媒	81

二、盈利能力分析

通过分析2018年河南省上市公司盈利能力普遍较好。盈利能力是企业在一定时期内获取利润的能力。保持最大的盈利能力是企业财务工作的目标，同时也是企业实现持续健康发展的根本保障。2018年，河南省79家上市公司中，净资产收益率为正的公司占82%，与2017年效益为正的上市公司所占的比例91%相比并不乐观。其中有23家上市公司净资产收益率超过10%，占比29%；有42家上市公司净资产收益率在0%~

10%之间，占比53%；有14家净资产收益率为负的上市公司，占比18%。其中净资产收益率超过20%的公司分别为许继电气、中原环保、焦作万方、智度股份、中原传媒、城发环境、双汇发展（见图2-1）。

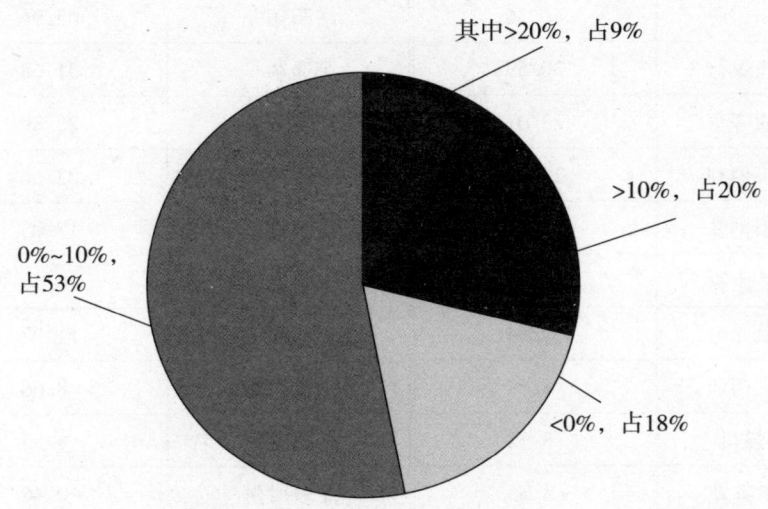

图2-1　2018年河南省不同净资产收益率的上市公司占比

从上市公司质量来看，盈利才是王道。表2-4描述了2018以及2017年河南省上市公司净利润前十名以及亏损前几名的公司情况。从利润前十名来看，双汇发展、洛阳钼业和郑州银行领跑明显，郑州银行作为2018年上市的新公司，在上市第一年取得了利润排名河南省上市公司第三名的好成绩。由Wind数据显示统计，通过2018年与2017年上市公司的净利润对比分析一些公司的净利润变化值得我们关注。2018年新晋净利润排行榜前十名的是：郑州银行、华兰生物、辅仁药业以及郑煤机，其中，华兰生物2016年净利润为7.71亿元，名列第十名，2017年的华兰生物仅以一名之差落榜前十，可见华兰生物上市公司具有较稳定的净利润收入。对于辅仁药业2017年净利润为4亿元，排名第22位，2018年以8.89亿元的成绩冲进净利润排行榜的前十名。对于2018年亏损的上市公司，追溯这些公司2017年的数据发现，这些公司在2017年数据已经显示出盈利不足或已经出现亏损。

表2-4 2017—2018年河南省上市公司净利润排行榜

证券简称	净利润2018年报（亿元）	证券简称	净利润2017年报（亿元）
双汇发展	49.15	双汇发展	45.11
洛阳钼业	46.36	洛阳钼业	35.96
郑州银行	30.59	宇通客车	31.68
宇通客车	23.01	龙蟒佰利	25.89
龙蟒佰利	22.86	牧原股份	23.66
安阳钢铁	18.57	安阳钢铁	17.05
华兰生物	11.40	平煤股份	16.40
中航光电	9.54	中原高速	11.92
辅仁药业	8.89	中航光电	8.66
郑煤机	8.32	郑州煤电	8.55
*ST莲花	-3.33	北玻股份	-0.46
安彩高科	-3.33	莲花健康	-1.41
焦作万方	-4.42	辉煌科技	-1.46
豫能控股	-6.60	中原特钢	-2.58
一拖股份	-13.00	中孚实业	-4.65
*ST中孚	-25.44	风神股份	-4.75
*ST雏鹰	-38.64	易成新能	-10.39

注：冠以"*ST"为警示。

三、偿债能力分析

负债对企业来说，是一把双刃剑。一方面，债务成本低于权益资本的成本，增加债务可以改善企业盈利水平，提高股票价格，增加股东财富；另一方面，负债增加了企业的风险，借债越多，风险越大。所有的负债都会增加债权人的追索权，包括利息支付和约定时间的本金偿还。债务使企业负担加重，要在未来某一时刻支付大笔数额固定的现金。然而企业同期的现金流入受经营风险的影响并无保障,固定现金的流出与不确定的现金流入形成了企业的财务风险。借款金额越大,企业的风险越大。由于债务同时增加企业的利润和风险,所以企业管理者的任务就是在利润和风险之间进行平衡。因此,资产负债率是一个适度指标,并没有一个确定的标准。一般而言,资产负债率越小,说明企业的长期偿债能力越强。从债权人来说,该指标越小越好,这样企业偿债越有保障。从企业来说,该指标过小表明企业对财务杠杆利用不够。保守的观点认为资产负债率不应高于50%。

2018年,河南省79家上市公司中,有41家公司的资产负债率低于50%,占比52%,其中森霸传感的资产负债率最低,为5.11%;有38家公司的资产负债率高于50%,占比48%。说明其财务杠杆利用不够充分,尤其是森霸传感,上市公司的融资能力还可以深入挖掘。但在资产负债率高于50%的38家上市公司中,莲花健康连续两年都为资产负债率最高的上市公司,2018年资产负债率高达128.96%,该公司连续多年为负债率最高的公司,说明该企业长期偿债能力很小,长期经营风险很大。

四、成长能力分析

通过选取营业收入增长率以及营业收入来衡量一个企业的发展能力。营业收入增长率是衡量企业经营状况和市场占有能力、预测企业经营业务拓展趋势的重要指标,也是企业增量和存量资本增长的重要前提。营业收入是企业利润的源泉,企业的销售情况越好,说明其在市场所占的份额越多,实现的营业收入也就越多,企业生存和发展的市场空间也就越大。因此,选取营业收入增长率指标来衡量河南省上市公司的成长能力。

2018年,河南省营业收入增长率超过100%的有三家、占比4%,东方银星已经是两年连续为营业收入增长率第一的上市公司,2018年以458%的增长率位居首位,2017年以1051%的增长率位居首位;营业收入增长率在30%~100%的公司有11家，占比14%；营业收入增长率在0%~30%的公司有41家，占比52%；营业收入增长率小于0%的公司有24家，占比30%（见图2-2）；其中城发环境的营业收入增长率为-57%，说明公司营业额大幅滑坡，产生预警信号。

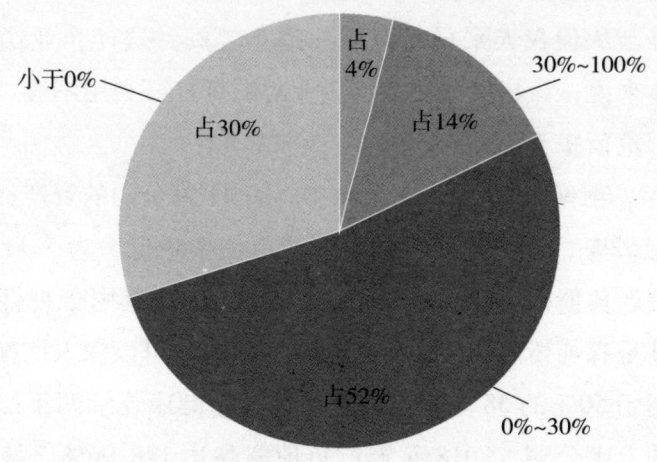

图 2-2 2018年河南省不同营业收入增长率的上市公司占比

五、营运能力分析

营运能力是指企业资产的利用效率，它不仅反映企业的盈利水平，而且反映基础管理、经营策略、市场营销等方面的状况。其中总资产周转率是反映总资产营运能力的重要指标。一般情况下，总资产周转率指标数值越高，周转速度越快，资产利用的效率越高。2018年，河南省79家上市公司中，有37家上市公司的总资产周转率在0.5次以下，占比47%；有33家上市公司的总资产周转率在0.5~1次，占比43%；有8家上市公司的总资产周转率大于1次，占比10%。总资产周转率超过0.5次的上市公司占到53%，体现出较强的运营能力（见图2-3）。

第二章　河南省上市公司财务绩效分析

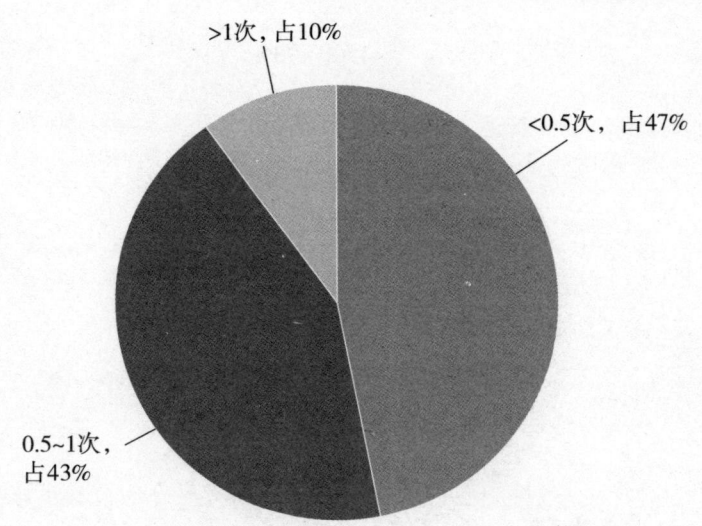

图 2-3　2018 年河南省不同总资产周转率的上市公司占比

六、股本扩张能力分析

对于公司扩张能力，选择每股净资本指标分析。每股净资产是上市公司年底股东权益与年底普通股股份总数的比值。每股净资产值反映了每股股票代表的公司净资产价值，每股净资产值越大，表明公司每股股票代表的财富越雄厚，通常创造利润的能力和抵御外来因素影响的能力越强。每股净资产是反映股本扩张能力的重要指标。2018 年，河南省 79 家上市公司中，仅有 2 家上市公司每股净资产低于 1 元，占比 3%；有 4 家上市公司的每股净资产高于 8 元，占比 5%，分别是思维列控、明泰铝业、设研院、辅仁药业，每股净资产分别是 16.67 元、10.05 元、15.23 元、8.61 元。其他股份净资产在 1~8 元，占比 92%，这些数据显示河南上市公司运行状况良好，股本扩张基础较坚实，股本扩张能力较强（见图 2-4）。

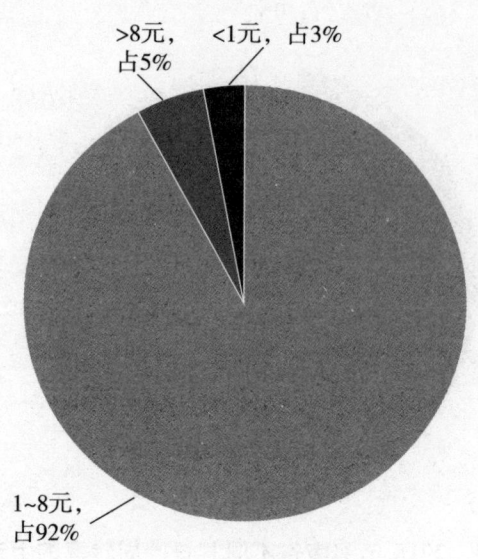

图2-4 2018年河南省不同每股净资产的上市公司占比

第二节 河南省上市公司绩效分行业分析

按证监会公布的《上市公司分类与代码》标准，可以将河南省上市公司分为"农、林、牧、渔业""采矿业""制造业""电力、热力、燃气及水生产和供应业""交通运输、仓储和邮政业""信息传输、软件和信息技术服务业""批发零售业""文化、体育和娱乐业"和"金融业"以及"科学研究于技术服务业"。依据WIND所属证监会行业代码统计，河南省上市公司中属于"农、林、牧、渔业"的有3家（见表2-5）；属于"采矿业"的有4家（见表2-6）；属于"制造业"的有59家（见表2-7）；属于"电力、热力、燃气及水生产和供应业"的有3家（见表2-8）；属于"交通运输、仓储和邮政业"有2家（见表2-9）；属于"信息传输、软件和信息技术服务业"的有2家（见表

2-10);属于"批发与零售"(见表2-11);属于"文化、体育和娱乐业"(见表2-12);属于"金融业"的有3家(见表2-13),以及"科学研究与服务业"(见表2-14)的各有1家。与2017年相比,"制造业"的上市公司少了一家,但其中金融企业多了两家。

表2-5 河南省"农、林、牧、渔业"上市公司的财务指标数据

证券代码	证券简称	净资产收益率(%)	资产负债率(%)	营业收入增长率(%)	总资产周转率(次)	每股净资产[币种]原始币种(元)
002321.SZ	华英农业	4.69	66.96	29.77	0.62	4.84
002477.SZ	*ST雏鹰	-128.01	87.89	-37.60	0.16	0.34
002714.SZ	牧原股份	4.16	54.07	33.32	0.50	4.71
平均数		-39.72	69.64	8.49	0.43	3.30
中位数		4.16	66.96	29.77	0.43	4.71
标准差		76.46	17.07	39.96	0.24	2.56

注:冠以"*ST"为警示。

表2-6 河南省"采矿业"上市公司的财务指标数据

证券代码	证券简称	净资产收益率(%)	资产负债率(%)	营业收入增长率(%)	总资产周转率(次)	每股净资产[币种]原始币种(元)
600121.SH	郑州煤电	4.56	65.62	-15.79	0.40	3.33
600403.SH	大有能源	8.37	50.74	15.03	0.47	3.56
601666.SH	平煤股份	5.76	69.96	-2.84	0.44	5.45
603993.SH	洛阳钼业	11.72	51.00	7.52	0.26	1.90
平均数		8.62	57.23	6.57	0.39	3.64
中位数		8.37	51.00	7.52	0.44	3.56
标准差		2.99	11.02	8.97	0.11	1.78

表 2-7 河南省"制造业"上市公司的财务指标数据

证券代码	证券简称	净资产收益率（%）	资产负债率（%）	营业收入增长率（%）	总资产周转率（次）	每股净资产（元）
000400.SZ	许继电气	2.60	42.70	-20.46	0.55	7.69
002358.SZ	森源电气	5.67	45.72	-23.95	0.30	5.42
002560.SZ	通达股份	-0.76	43.30	46.20	0.90	3.53
600312.SH	平高电气	3.22	58.99	20.74	0.52	6.58
002179.SZ	中航光电	17.44	50.54	22.86	0.67	7.31
002189.SZ	利达光电	21.94	63.60	55.34	1.47	3.89
300701.SZ	森霸传感	15.38	5.12	3.31	0.38	5.97
002087.SZ	新野纺织	10.80	59.21	16.64	0.64	4.78
600569.SH	安阳钢铁	25.12	74.47	22.74	0.98	3.48
300263.SZ	隆华科技	5.39	36.47	50.82	0.40	2.83
000949.SZ	新乡化纤	3.13	53.46	9.42	0.63	2.91
002407.SZ	多氟多	2.10	50.74	4.74	0.52	5.07
002601.SZ	龙蟒佰利	18.06	39.62	1.78	0.51	6.11
300109.SZ	新开源	6.95	44.59	42.92	0.33	5.85
300437.SZ	清水源	18.84	57.29	103.55	0.49	6.54
300481.SZ	濮阳惠成	16.54	15.84	17.55	0.82	2.98
600469.SH	风神股份	0.93	71.88	-14.86	0.85	3.59
600810.SH	神马股份	22.76	63.42	4.38	1.07	7.19
002225.SZ	濮耐股份	9.11	47.37	37.25	0.78	2.91
600876.SH	洛阳玻璃	1.73	70.13	-6.62	0.48	2.22
002296.SZ	辉煌科技	1.97	28.77	-3.33	0.25	3.79
603508.SH	思维列控	7.21	5.95	17.68	0.19	16.67
002046.SZ	轴研科技	0.96	38.77	38.28	0.50	5.07
002132.SZ	恒星科技	-4.93	48.70	-1.05	0.51	2.24
002535.SZ	林州重机	-5.12	62.62	24.86	0.27	3.46
002613.SZ	北玻股份	2.55	20.12	-10.46	0.50	1.58

续表

证券代码	证券简称	净资产收益率（%）	资产负债率（%）	营业收入增长率（%）	总资产周转率（次）	每股净资产（元）
002857.SZ	三晖电气	8.33	26.72	13.33	0.39	3.57
300007.SZ	汉威科技	4.32	60.17	4.72	0.32	4.97
300064.SZ	豫金刚石	1.40	27.50	-19.09	0.13	5.75
300080.SZ	易成新能	-15.84	61.51	52.61	0.48	3.04
300179.SZ	四方达	7.83	22.22	19.78	0.36	1.69
300259.SZ	新天科技	7.87	19.39	14.82	0.36	1.64
300480.SZ	光力科技	6.26	12.24	31.77	0.33	3.62
600172.SH	黄河旋风	-5.10	59.35	7.03	0.29	3.08
601038.SH	一拖股份	-29.53	64.57	-23.25	0.42	4.06
601608.SH	中信重工	1.48	62.60	12.55	0.26	1.65
601717.SH	郑煤机	7.48	55.61	244.63	1.11	6.61
603566.SH	普莱柯	8.46	14.06	14.75	0.33	5.05
002406.SZ	远东传动	11.34	13.06	12.94	0.62	4.35
002448.SZ	中原内配	11.04	33.84	6.15	0.40	4.44
002536.SZ	西泵股份	11.57	40.80	5.80	0.82	6.57
600066.SH	宇通客车	14.32	54.47	-4.44	0.87	7.06
600069.SH	银鸽投资	-4.29	58.33	-3.48	0.66	1.24
600439.SH	瑞贝卡	8.48	41.19	-3.35	0.40	2.52
000895.SZ	双汇发展	35.62	37.36	-3.32	2.15	3.93
002216.SZ	三全食品	5.02	55.26	5.39	1.23	2.55
002582.SZ	好想你	3.92	39.62	21.59	0.93	6.48
002770.SZ	科迪乳业	7.52	47.58	3.74	0.41	1.62
600186.SH	*ST莲花	—	128.97	-6.70	0.96	-0.28
002007.SZ	华兰生物	22.36	11.10	35.84	0.55	5.94
600222.SH	太龙药业	-8.01	50.93	2.26	0.42	2.42
600285.SH	羚锐制药	11.43	32.65	11.07	0.64	3.55

续表

证券代码	证券简称	净资产收益率（%）	资产负债率（%）	营业收入增长率（%）	总资产周转率（次）	每股净资产（元）
600781.SH	辅仁药业	17.77	48.99	8.92	0.61	8.61
603658.SH	安图生物	31.29	26.00	37.82	0.80	4.59
000612.SZ	焦作万方	-9.90	43.24	-2.15	0.66	3.54
000933.SZ	神火股份	3.98	85.69	-0.34	0.35	3.20
600531.SH	豫光金铅	4.02	69.51	10.80	1.79	3.02
600595.SH	*ST中孚	-64.33	89.37	1.98	0.48	1.68
601677.SH	明泰铝业	8.79	34.74	28.55	1.48	10.06
平均数		5.77	46.24	17.00	0.64	4.43
中位数		6.61	47.37	9.42	0.51	3.79
标准差		14.25	22.33	37.40	0.39	2.60

注：冠以"*ST"为警示。

表2-8 河南省"电力、热力、燃气及水生产和供应业"上市公司的财务指标数据

证券代码	证券简称	净资产收益率（%）	资产负债率（%）	营业收入增长率（%）	总资产周转率（次）	每股净资产[币种]原始币种（元）
600207.SH	安彩高科	-19.12	18.95	7.56	0.99	1.82
000544.SZ	中原环保	7.36	33.03	5.19	0.13	5.94
001896.SZ	豫能控股	-10.96	69.66	-7.75	0.38	4.95
平均数		-7.58	40.54	1.67	0.50	4.24
中位数		-10.96	33.03	5.19	0.38	4.95
标准差		13.56	26.18	8.24	0.44	2.15

表2-9 河南省"交通运输、仓储和邮政业"上市公司的财务指标数据

证券代码	证券简称	净资产收益率（%）	资产负债率（%）	营业收入增长率（%）	总资产周转率（次）	每股净资产[币种]原始币种（元）
000885.SZ	城发环境	26.7695	67.5408	-57.0368	0.2499	5.0081
600020.SH	中原高速	6.5524	77.6439	-7.4194	0.1151	4.1967
	平均数	16.66	72.59	-32.23	0.18	4.60
	中位数	16.66	72.59	-32.23	0.18	4.60
	标准差	14.30	7.14	35.08	0.10	0.57

表2-10 河南省"信息传输、软件和信息技术服务业"上市公司的财务指标数据

证券代码	证券简称	净资产收益率（%）	资产负债率（%）	营业收入增长率（%）	总资产周转率（次）	每股净资产[币种]原始币种（元）
000676.SZ	智度股份	13.0714	25.6617	20.1728	1.0289	6.0713
300248.SZ	新开普	6.8549	30.6353	8.8366	0.4039	2.9985
	平均数	9.96	28.15	14.50	0.72	4.53
	中位数	9.96	28.15	14.50	0.72	4.53
	标准差	4.40	3.52	8.02	0.44	2.17

表2-11 河南省"批发和零售业"上市公司的财务指标数据

证券代码	证券简称	净资产收益率（%）	资产负债率（%）	营业收入增长率（%）	总资产周转率（次）	每股净资产[币种]原始币种（元）
600753.SH	东方银星	12.17	21.77	457.52	8.51	1.43

表2-12 河南省"文化、体育和娱乐业"上市公司的财务指标数据

证券代码	证券简称	净资产收益率（%）	资产负债率（%）	营业收入增长率（%）	总资产周转率（次）	每股净资产[币种]原始币种（元）
000719.SZ	中原传媒	9.86	32.68	10.11	0.80	7.53

表 2-13 河南省"金融业"上市公司的财务指标数据

证券代码	证券简称	净资产收益率（%）	资产负债率（%）	营业收入增长率（%）	总资产周转率（次）	每股净资产[币种]原始币种（元）
601375.SH	中原证券	0.65	73.25	-23.19	0.04	2.57
002423.SZ	中原特钢	-7.45	55.02	5.41	0.31	2.89
002936.SZ	郑州银行	8.88	91.88	9.44	0.02	4.87
平均数		0.70	73.38	-2.78	0.12	3.44
中位数		0.65	73.25	5.41	0.04	2.89
标准差		8.17	18.43	17.79	0.16	1.24

表 2-14 河南省"科学研究和技术服务业"上市公司的财务指标数据

证券代码	证券简称	净资产收益率（%）	资产负债率（%）	营业收入增长率（%）	总资产周转率（次）	每股净资产[币种]原始币种（元）
300732.SZ	设研院	16.65	46.38	21.72	0.35	15.24

我们以证监会行业类上市公司作为比较参考，比较分析河南上市公司分行业各项财务绩效标情况。

一、盈利能力分行业比较

2018 年，河南省上市公司分类中，依旧是"交通运输、仓储和邮政业"上市公司的净资产收益率平均值最高，为 7.57%；"信息传输、软件和信息技术服务业"上市公司净资产收益率最低，为 -1.93%。在各分类中，河南省上市公司"农、林、牧、渔业""电力、热力、燃气及水生产和供应业""金融业"三大行业的净资产收益率平均值均高于证监会分类行业的净资产收益率平均值；"采矿业""制造业""交通运输、仓储和邮政业""信息传输、软件和信息技术服务业"四大行业的净资产收益低于行业平均值；通过 2018 年与 2017 年河南省上市公司净资产收益率平均值的对比分析，多个行业净资产收益平均值明显下滑现象，只有"制造业"和"电力、热力、燃气及水生产和供应业"两个行业的指标与 2017 年相比具有小幅度上升。2017 年、2018 年河南省各行业的净资产收益率平均值与证监会各行业平均值比较，如图 2-5 所示。

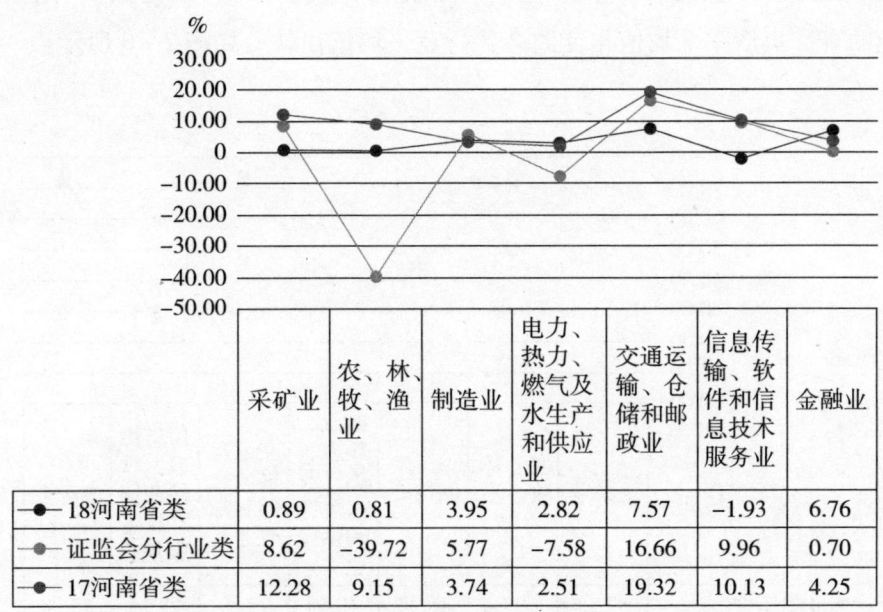

图 2-5　2018 年净资产收益率平均值分行业比较

2018 年，河南省上市公司七类行业的净资产收益率平均值只有两个行业高于行业平均值，表明这两个行业的盈利能力高于行业平均水平，但其他的行业需要进一步提升自身的行业竞争力和盈利能力。对于河南省的"制造业"，它集中了 59 家上市公司，占河南省上市公司总数的 74%，是河南省重要行业之一。河南省制造业的净资产收益率平均值为 3.95%，低于行业平均水平，其中"双汇发展"的净资产收益率为 35.6%，净资产增长率连续两年排名第一。"雏鹰"的净资产增长率排名倒数第一，为 -128%。

二、偿债能力分行业比较

2018 年，河南省八类行业上市公司中，"金融"行业的上市公司的资产负债率平均值最高,为73.38%;"信息传输、软件和信息技术服务业"上市公司的资产负债率平均值最低,为28.15%。资产负债率平均值低于行业平均值的行业为"电力、热力、燃气及水生产和供应业""信息传输、软件和信息技术服务业"和"金融"。2017年、2018年河南省各行业的资产负债率平均值与证监会各行业平均值比较,如图2-6所示。

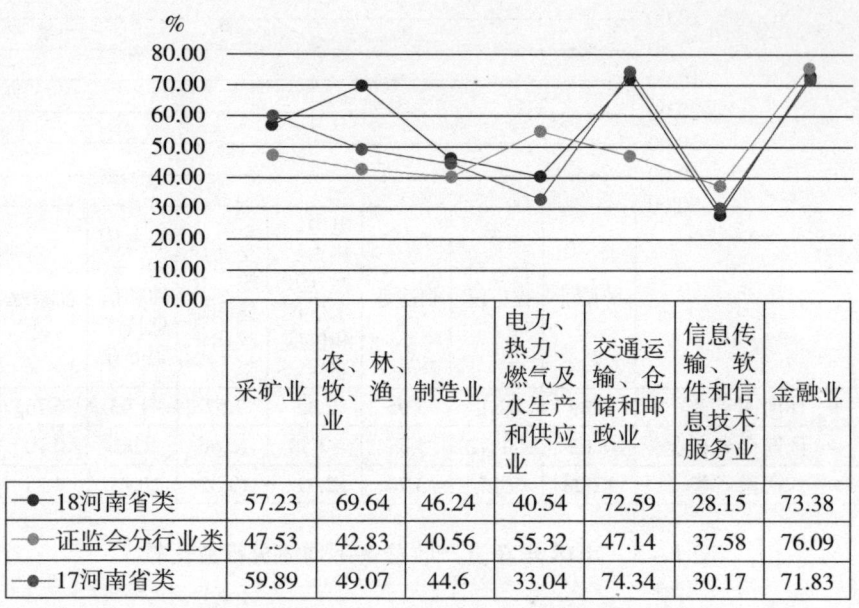

图2-6　2018年资产负债率平均值分行业比较

2018年,河南省上市公司七类行业中的部分行业资产负债率平均值均高于行业平均值,表明这些行业的偿债能力低于行业平均水平,其中"交通运输、仓储和邮政业"和"金融"行业的资产负债率平均值最高,为72.59%和73.38%。河南省属于"交通运输、仓储和邮政业"上市公司只有2家,是中原高速公路股份有限公司和城市环境有限公司,其较高的资产负债率水平,表明其偿债能力较弱。河南省资产负债率平均值最低的行业为"信息传输、软件和信息技术服务业",为28.15%。2017年与2018年河南省上市公司资产负债率平均值对比分析发现,"农、林、牧、渔业"以及"电力、热力、燃气及水生产和供应业"

的资产负债率表现出明显的上升,相比2017年这两大行业偿债能力下降。从总体上看,河南省各行业资产负债率平均值处于合理的水平。

三、成长能力分行业比较

2018年,河南省各行业的上市公司中,"采矿业""农、林、牧、渔业""制造业""电力、热力、燃气及水生产和供应业""交通运输、仓储和邮政业",以及"金融业"七大行业的营业收入增长率均值低于行业平均值(见图2-7),并且与2017年相比,每个行业指标均体现出明显下降的现象。值得提出的是"交通运输、仓储和邮政业""采矿业""信息传输、软件和信息技术服务业"三大行业与2017年相比,营业收入增长率明显下降。其中"交通运输、仓储和邮政业"行业的上市公司营业收入增长率平均值与其他产业相比,其行业平均值的差距最大,行业平均值为9.24,而其平均值为-32.23。河南省属于"交通运输、仓储和邮政业"的上市公司是城市环境和中原高速,表明其成长能力较弱。

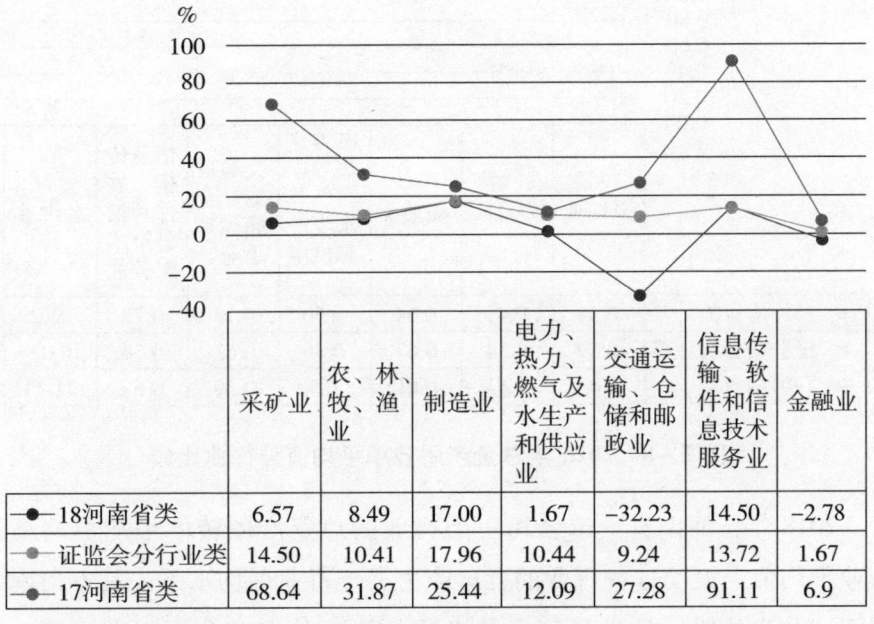

图2-7　2018年营业收入增长率平均值分行业比较

2018年，河南省上市公司中"信息传输、软件和信息技术服务业"上市公司的营业收入增长率平均值相比其他行业的数据比最高，为14.50%，是唯一超过行业平均值的行业，但与2017年的数据相比，下降程度较大。

四、营运能力分行业比较

2018年，河南省在所有种类的上市公司中，"信息传输、软件和信息技术服务业"的总资产周转率平均水平最高，为0.72次；"金融业"上市公司的总资产周转率平均值最低，为0.12次。其中，总资产周转率平均值高于行业平均值的为："电力、热力、燃气及水生产和供应业""信息传输、软件和信息技术服务业"以及"金融业"。2017年、2018年河南省各行业的总资产周转率和证监会各行业的平均值对比，如图2-8所示。

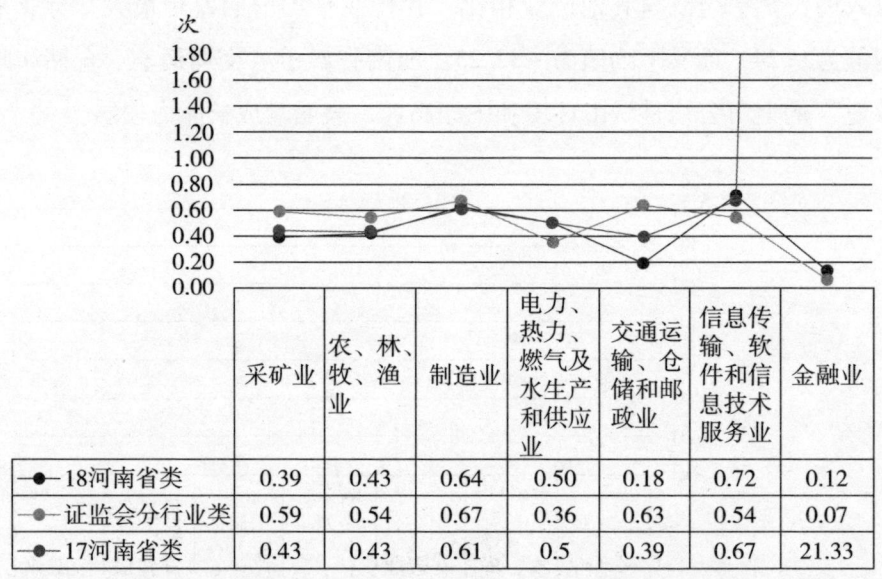

图2-8 2018年总资产周转率平均值分行业比较

2018年，河南省上市公司三类行业的总资产周转率平均值均高于行业平均值，表明这些行业的营运能力高于行业平均水平，其中河南省属于"信息传输、软件和信息技术服务业"的上市公司仅有2家，即智度股份公司和新开普，其总资产周转率分别为次1.02次和0.40次，与2017年相比，总资产周转率明显增长，表明该上市公司的营运能力较好。通过2017年、2018年的数据对比，需要强调的是"金融业"行业的总资产周转率出现明显下降情况，表明该公司的营运能力下降。

五、股本扩张能力分行业比较

2018年，河南省主要的七类行业上市公司中，"交通运输、仓储和邮政业"上市公司的每股净资产平均值最高，为4.6元；"交通运输、仓储和邮政业"上市公司的每股净资产平均值最低，为3.3元。其中，每股净资产平均值高于行业平均值的为"农、林、牧、渔业""制造业""电力、热力、燃气及水生产和供应业"以及"信息传输、软件和信息技术服务业"。每股净资产平均值低于行业平均值的为"采矿业""交通运输、仓储和邮政业"以及"金融业"。2017年、2018年河南省各行业的每股净资产和证监会各行业平均值比较，如图2-9所示。

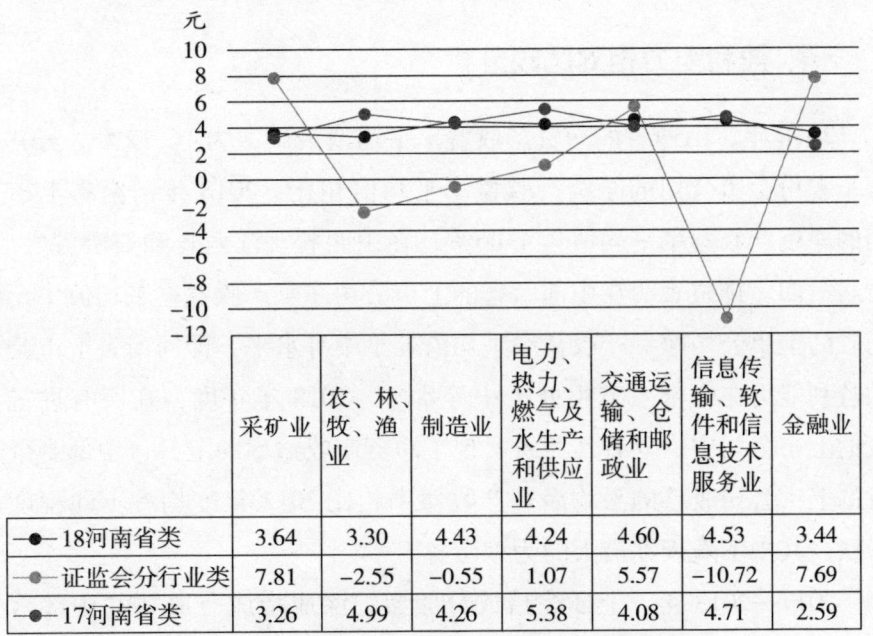

图2-9 2018年每股净资产平均值分行业比较

2018 年,河南省上市公司五类行业的每股净资产平均值均高于行业平均值,表明这些行业的股本扩张能力高于行业平均水平。2018 年河南省上市公司和每股净资本平均值相比,2017 年的每个行业几乎持平,表明行业的扩张能力具有稳定的发展水平。

第三节 河南上市公司相对区域财务绩效分析

根据经济发展水平,我们选取中部的六个省份,除河南省外即是山西省、湖北省、湖南省、安徽省和江西省,以及山东省和陕西省,作为比较对象,并且把上证综指成分股票和深成指成分股票的财务绩效指标作为参考,分析比较对象的上市公司和河南省上市公司相对财务绩效状况。我们主要从盈利能力、偿债能力、成长能力、营运能力和股本扩张能力五个方面的财务绩效进行探讨。

一、盈利能力相对比较分析

2018 年,山西省的净资产收益率平均值最高,为 16.12%。与其他五个省份上市公司的净资产收益率平均值相比,2018 年河南省上市公司的净资产收益率平均值为 4.06%,在山西省、江西省和安徽省之后,位居第四。排位表明在中部六省的上市公司净资产收益率平均值中,河南省的上市公司净资产收益率平均值处于中等水平,即河南省上市公司的盈利能力在中部六省中处于中等水平。2018 年年度,在所有进行比较的上市公司中,只有江西省实现了净资产收益率的上升,中部剩余五省的上市公司股票的平均净资产收益率相比 2017 年度均有不同程度的下跌,其中下降程度最大的为湖南省。

2017—2018 年,上证综指成分股票、深成指成分股票和中部六省上市公司的净资产收益率平均值相对比较,如图 2-10 所示。

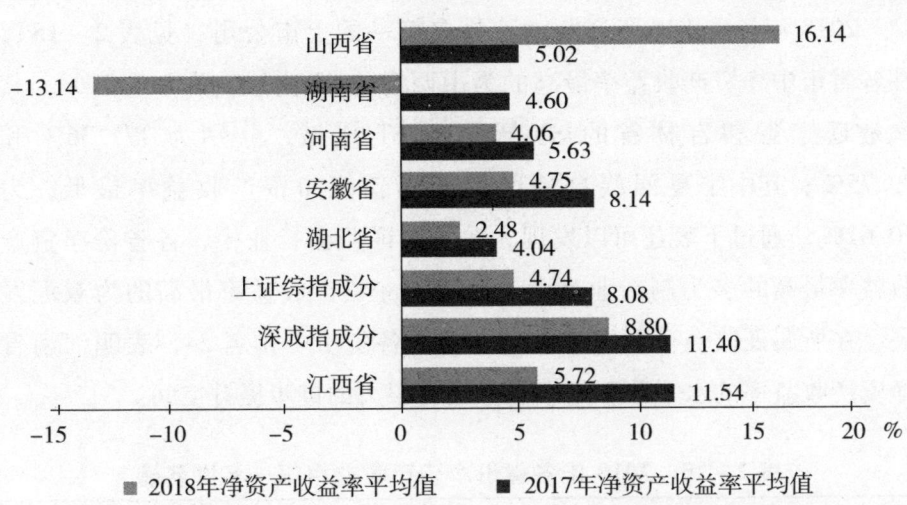

图 2-10 2017—2018 年中部六省净资产收益率平均值对比

2018 年河南省上市公司中净资产收益率超过平均值 4.06% 的有 29 家；其中，净资产收益率为负的有 13 家，比 2017 年增加了 6 家，表明这些企业虽盈利能力比较差。

2018 年，河南省上市公司的净资产收益率平均值低于东部的山东省，略低于西部的陕西省。河南省、山东省和陕西省的上市公司净资产收益率均低于 2017 年，表明这些上市公司的盈利能力发展缓慢（见图 2-11）。

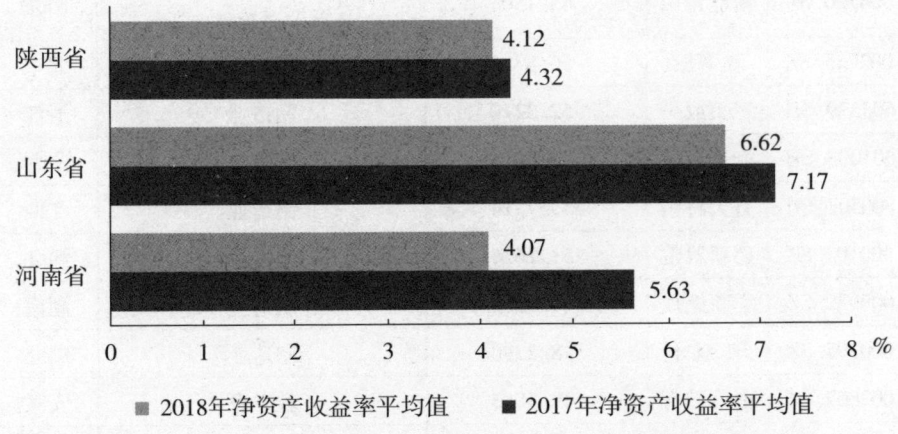

图 2-11 2017—2018 年东、中和西部净资产收益率平均值对比

2018年各省市净资产收益率排名第一的上市公司（见表2-15），在各省市中净资产收益率最高的为山西省的 ST 南风，为 410.01%，其次是辽宁省和吉林省的 ST 抚钢和 ST 成城，分别为 171.36% 和 99.75%；其中宁夏回族自治区的嘉泽新能净资产收益率最低，为 10.61%。通过下表还可以发现，在所属证监会行业中，各省份净资产收益率最高的多为制造业行业。河南省净资产收益率最高的为双汇发展，在所属证监会行业中为制造业，在各省份中排名 24，表明河南省净资产收益率的水平并不是很高，还有很大的进步提升空间。

表2-15 2018年各省份净资产收益率第一名排名榜

证券代码	证券简称	净资产收益率（%）	所属证监会行业名称	省份
000737.SZ	ST 南风	410.0102	制造业	山西
600399.SH	ST 抚钢	171.3550	制造业	辽宁
600247.SH	ST 成城	99.7549	批发和零售业	吉林
600870.SH	ST 厦华	81.0366	制造业	福建
600793.SH	宜宾纸业	74.8975	制造业	四川
000717.SZ	韶钢松山	72.2712	制造业	广东
600800.SH	天津磁卡	68.5385	制造业	天津
600738.SH	兰州民百	65.2230	批发和零售业	甘肃
000720.SZ	新能泰山	65.1505	电力、热力、燃气及水生产和供应业	山东
002755.SZ	奥赛康	56.8485	制造业	北京
603379.SH	三美股份	52.3270	制造业	浙江
601003.SH	柳钢股份	52.0053	制造业	广西
600507.SH	方大特钢	51.7314	制造业	江西
300107.SZ	建新股份	51.2626	制造业	河北
000932.SZ	华菱钢铁	48.6364	制造业	湖南
000707.SZ	ST 双环	48.2390	制造业	湖北
002607.SZ	中公教育	47.3853	教育	安徽
300618.SZ	寒锐钴业	46.9545	制造业	江苏

续表

证券代码	证券简称	净资产收益率（%）	所属证监会行业名称	省份
000516.SZ	国际医学	46.7396	卫生和社会工作	陕西
600338.SH	西藏珠峰	46.4711	采矿业	西藏
603032.SH	德新交运	46.3021	交通运输、仓储和邮政业	新疆
300122.SZ	智飞生物	40.7777	制造业	重庆
000895.SZ	双汇发展	35.6237	制造业	河南
300272.SZ	开能健康	35.3275	制造业	上海
600519.SH	贵州茅台	34.4643	制造业	贵州
002059.SZ	云南旅游	27.5911	水利、环境和公共设施管理业	云南
600887.SH	伊利股份	24.2922	制造业	内蒙古
002737.SZ	葵花药业	17.9797	制造业	黑龙江
600771.SH	广誉远	17.8087	制造业	青海
000735.SZ	罗牛山	10.3208	农、林、牧、渔业	海南
601619.SH	嘉泽新能	10.6073	电力、热力、燃气及水生产和供应业	宁夏

二、偿债能力相对比较分析

2018年，山西省的资产负债率平均值最高，为54.86%。与其他五省上市公司的资产负债率相比，2018年河南省上市公司的资产负债率为48.33%，位居第二，仅次于山西省。排位表明在中部六省的上市公司资产负债率平均值中，河南省的上市公司资产负债率平均值处于中上等水平，即河南省上市公司的偿债能力在中部六省中处于中上等水平。由于资产负债率指标具有双面性：一方面反映了公司的长期偿债能力；另一方面也反映了公司对财务杠杆的利用，河南省资产负债率指标的数值表明了河南省上市公司财务杠杆利用情况在中部六省中处于中上等水平，仍有较大的利用空间。

在所有进行比较的上市公司中,2018年山西省的资产负债率平均值最高,为54.86%;2017年山西省的资产负债率平均值也最高,为53.67%;2018年河南省的资产负债率平均值为48.33%。总体来看,河南省的资产负债率平均值都在50%这个公认的合理值左右。

2017—2018年,上证综指成分股票、深成指成分股票和中部六省上市公司的资产负债率平均值相对比较,如图2-12所示。

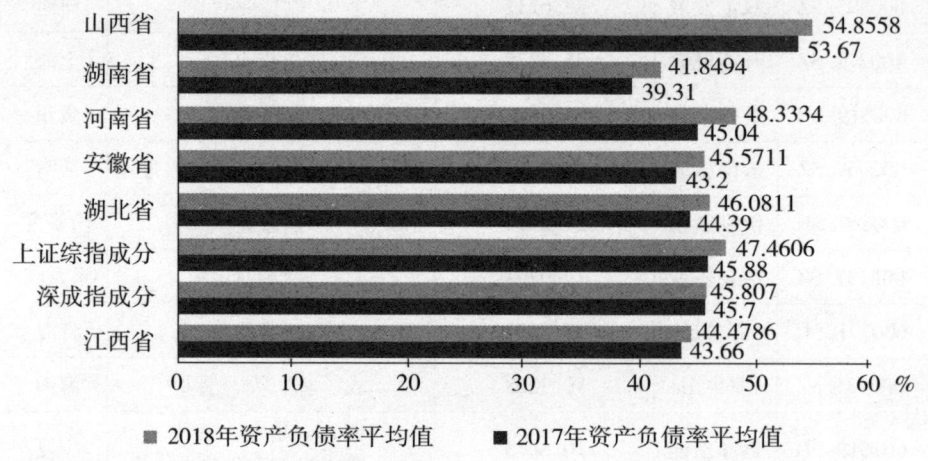

图2-12 2017—2018年中部六省资产负债率平均值对比

2018年,河南省上市公司中资产负债率相对于该年度河南省上市公司资产负债率平均值48.33%,处于较低水平的有华兰生物、思维列控和森霸传感,其中,华兰生物2017年资产负债率为7.22%,2018年资产负债率为11.1%,2018年较2017年资产负债率在上升,说明华兰生物工程股份有限公司的负债较小,也同时说明了该公司对财务杠杆运用的远远不够,还有很大的提升空间;*ST莲花2017年资产负债率为105.86%,2018年资产负债率为128.97%,虽然表明莲花健康股份有限公司对财务杠杆运用得好,但更说明了该公司的负债水平超过了资产水平,公司面临较大的偿债压力。

2018年,河南省上市公司的资产负债率平均值为48.33%,高于东部的山东省和西部的陕西省上市公司。通过图2-13可以发现,河南省、山东省和陕西省上市公司的资产负债率平均值均高于 2017 年,表明河南省、山东省和陕西省上市公司对财务杠杆运用得好。

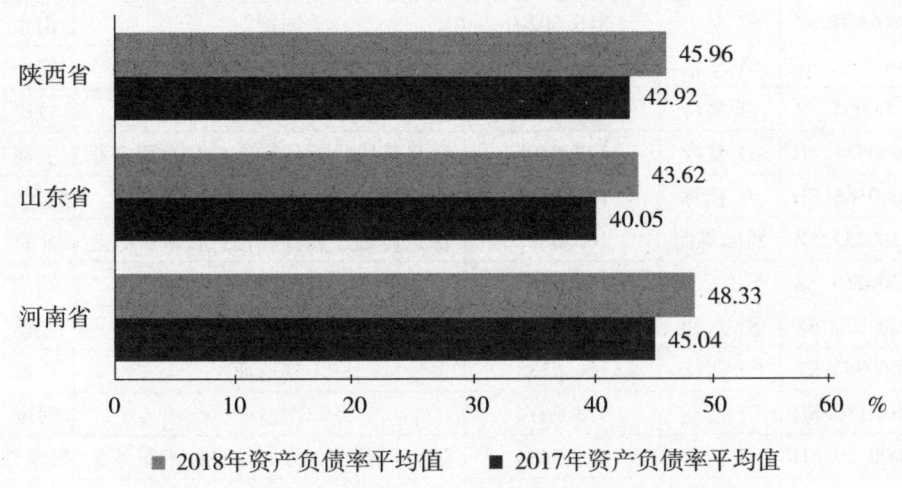

图 2 - 13   2017—2018 年三省资产负债率平均值对比

2018 年各省市资产负债率排名第一的上市公司(见表 2 - 16),在各省市中资产负债率最高的为江苏省的 ST 保千,为 800.92%,属于制造业,其次为浙江的 ST 巴士;资产负债率最低的省市为宁夏的银星能源,为 72.96%,属于电力、热力、燃气及水生产和供应业。各省市资产负债率较高的上市公司所属证监会行业多为制造业。河南省上市公司的资产负债率最高的为莲花健康,为 128.97%,属于制造业,在各省市中排名第 13 名,虽然表明莲花健康股份有限公司对财务杠杆运用得好,但说明了该公司的负债水平超过了资产水平,公司面临较大的偿债压力。

表 2 - 16   2018 年各省份资产负债率第一名排名榜

证券代码	证券简称	资产负债率(%)	所属证监会行业名称	省份
600074.SH	ST 保千	800.9247	制造业	江苏
002188.SZ	ST 巴士	454.2893	租赁和商务服务业	浙江

续表

证券代码	证券简称	资产负债率（%）	所属证监会行业名称	省份
002711.SZ	ST欧浦	391.9121	交通运输、仓储和邮政业	广东
002604.SZ	ST龙力	316.5620	制造业	山东
002018.SZ	ST华信	230.2393	批发和零售业	安徽
000995.SZ	ST皇台	203.8022	制造业	甘肃
600634.SH	ST富控	177.5405	信息传输、软件和信息技术服务业	上海
600186.SH	ST秋林	175.8354	制造业	黑龙江
300431.SZ	暴风集团	168.6882	信息传输、软件和信息技术服务业	北京
300216.SZ	千山药机	168.5267	制造业	湖南
002070.SZ	ST众和	165.9815	制造业	福建
000953.SZ	ST河化	164.5185	制造业	广西
600186.SH	ST莲花	128.9674	制造业	河南
600289.SH	ST信通	128.5484	信息传输、软件和信息技术服务业	黑龙江
600877.SH	ST嘉陵	121.2738	制造业	重庆
000982.SZ	ST中绒	112.7712	制造业	宁夏
000410.SZ	沈阳机床	99.2637	制造业	辽宁
300116.SZ	坚瑞沃能	98.8606	制造业	陕西
600247.SH	ST成城	97.7664	批发和零售业	吉林
000927.SZ	一汽夏利	97.3384	制造业	天津
300362.SZ	天翔环境	96.6619	制造业	四川
000707.SZ	ST双环	95.9436	制造业	湖北
000585.SZ	ST东电	95.6215	制造业	海南
002207.SZ	ST准油	95.3082	采矿业	新疆
600117.SH	西宁特钢	92.9262	制造业	青海
601997.SH	贵阳银行	92.8787	金融业	贵州
600265.SH	ST景谷	91.1959	农、林、牧、渔业	云南
000820.SZ	ST节能	89.7709	制造业	江西
000755.SZ	山西路桥	88.6016	交通运输、仓储和邮政业	山西
000792.SZ	ST盐湖	74.9489	制造业	青海
000862.SZ	银星能源	72.9607	电力、热力、燃气及水生产和供应业	宁夏

三、成长能力相对比较分析

2018年，山西省的营业收入增长率最高，为38.80%。在山西省上市公司中，*ST山水的营业收入增长率最高，为910.83%，与其他五省上市公司的营业收入增长率平均值相比，2018年河南省上市公司的营业收入增长率平均值为18.77%，次于山西省，位居第二。河南省的上市公司营业收入增长率平均值处于中上等水平，这说明河南省的上市公司在中部六省的上市公司中成长能力相对较强。中部六省的上市公司营业收入增长率最低的是江西省，同2017年相比，河南省上市公司营业收入增长率平均值呈现出下降趋势，由42.25%下降至9.88%，即成长能力呈现出下跌的趋势。

2017—2018年，上证综指成分股票、深成指成分股票和中部六省上市公司的营业收入增长率平均值相对比较，如图2-14所示。

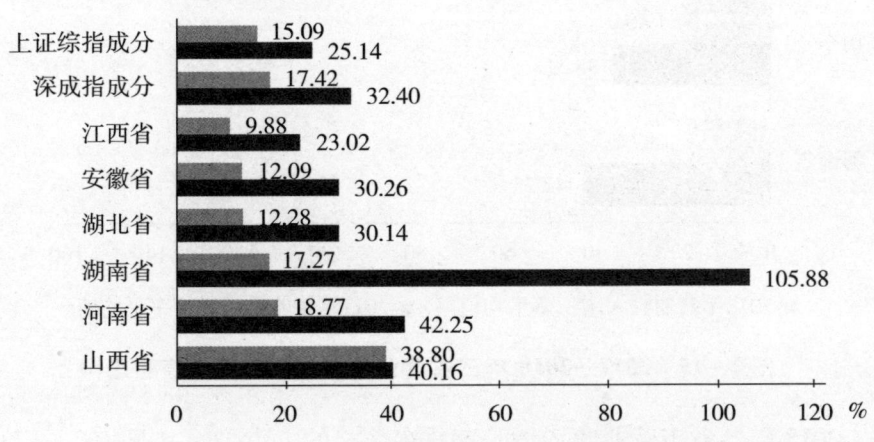

图2-14 2017—2018年中部六省营业收入增长率平均值对比

2018年，河南省上市公司营业收入增长率为负的有23家，占比28.75%，在河南省上市公司中占有较高的比率。该指标表明河南省上市公司中有一部分的上市公司成长能力较弱，其中城发环境的营业收入增长率低于-57.04%，表明这家上市公司2018年的销售市场出现问题，收入较2017年出现大幅下降；而东方银星、郑煤机和清水源的营业收入增长率分别为457.52%、244.63%和103.55%，远远高于山西省和深成指成分股票的平均值，说明这三家上市公司的营业收入增长速度很快，企业市场前景好，成长能力强。

2018年，河南省上市公司的营业收入增长率为18.77%，低于西部的陕西省上市公司的营业收入增长率，高于东部山东省上市公司的营业收入增值率。通过图2-15发现，河南省、陕西省和山东省上市公司2018年的营业收入增长率平均值均低于2017年，2018年这些省上市公司的经营状况较差，成长能力明显下降。

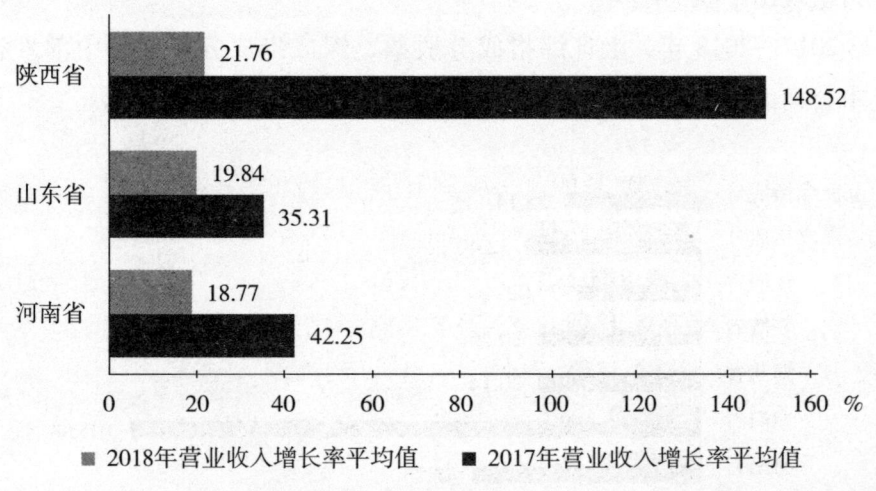

图2-15 2017—2018年三省营业收入增长率平均值对比

2018年各省市营业收入增长率排名第一的上市公司（见表2-17），在各省份中营业收入增长率最高的为广东省的维信诺，为5504.44%，属于制造业，其次是辽宁省的铁岭新城和江苏省的博信股份，分别为1847.26%和1685.00%，分别属于水利、环境和公共设施管理业和建筑业；各省份中营业收入增长率最低的是宁夏的嘉泽新能，为28.54%，属于电力、热力、燃气及水生产和供应业。各省份上市公司所属证监会行业多为制造业。河南省的东方银星营业收入增长率为457.51%，属于批发和零售业，在各省份营业收入增长率中排名第九，表明河南省东方银星上市公司的成长能力较好，有较好的市场前景。

表2-17　2018年各省份营业收入增长率第一名排名榜

证券代码	证券简称	营业收入增长率（%）	所属证监会行业名称	省份
002387.SZ	维信诺	5504.44	制造业	广东
000809.SZ	铁岭新城	1847.26	水利、环境和公共设施管理业	辽宁
600083.SH	博信股份	1685.00	建筑业	江苏
300423.SZ	鲁亿通	1048.13	制造业	山东
600234.SH	ST山水	910.8294	制造业	山西
600193.SH	ST创兴	828.544	建筑业	上海
000560.SZ	我爱我家	710.9095	房地产业	云南
002798.SZ	帝欧家居	707.3093	制造业	四川
600753.SH	东方银星	457.5184	批发和零售业	河南
600817.SH	ST宏盛	350.6791	房地产业	陕西
601558.SH	ST锐电	305.0797	制造业	北京
300122.SZ	智飞生物	289.4257	制造业	重庆
300268.SZ	佳沃股份	235.4129	制造业	湖南
002115.SZ	三维通信	200.7875	制造业	浙江
600136.SH	当代明诚	192.6067	文化、体育和娱乐业	湖北
600202.SH	哈空调	181.1386	制造业	黑龙江
300120.SZ	经纬辉开	132.1194	制造业	天津
002622.SZ	融钰集团	116.6967	制造业	吉林
000975.SZ	银泰资源	116.6912	采矿业	内蒙古
002524.SZ	光正集团	112.1485	电力、热力、燃气及水生产和供应业	新疆
002803.SZ	吉宏股份	100.3372	制造业	福建
603429.SH	集友股份	95.9959	制造业	安徽
300630.SZ	普利制药	92.0729	制造业	海南

续表

证券代码	证券简称	营业收入增长率（%）	所属证监会行业名称	省份
300422.SZ	博世科	85.4912	水利、环境和公共设施管理业	广西
002653.SZ	海思科	84.6103	制造业	西藏
603843.SH	正平股份	83.7172	建筑业	青海
002282.SZ	博深工具	78.044	制造业	河北
300294.SZ	博雅生物	67.8376	制造业	江西
600354.SH	敦煌种业	58.1828	农、林、牧、渔业	甘肃
600227.SH	圣济堂	43.5833	制造业	贵州
601619.SH	嘉泽新能	28.5433	电力、热力、燃气及水生产和供应业	宁夏

四、营运能力相对比较分析

2018年，江西省的总资产周转率平均值最高，同等超出上证综指成分股票和深成指成分股票的总资产周转率，为0.77次。与其他五省上市公司的总资产周转率平均值相比，2018年河南省上市公司的总资产周转率平均值为0.70次，次于安徽省和江西省，位居第三。河南省的上市公司总资产周转率平均值处于中等水平，即河南省上市公司的资产经营质量和利用效率在中部六省中处于中等水平。同2017年相比，河南省上市公司总资产周转率平均值呈现出上升趋势，由0.59次上升为0.70次。

2017—2018年，上证综指成分股票、深成指成分股票和中部六省上市公司的总资产周转率平均值相对比较，如图2-16所示。

2018年，河南省上市公司中总资产周转率相对于该年度河南省上市公司总资产周转率平均值0.70次来说，低于平均值的上市公司有57家，高于平均值的有23家，表明河南省上市公司的资产周转速度较慢，资产利用效率较低。其中，总资产周转率偏低的有中原高速和中原环保，分别为0.13次和0.12次，表明其资产经营质量和利用效率比较低下；东方银星的总资产周转率最高，为8.51次，表明其资产经营质量和利用效率比较高。

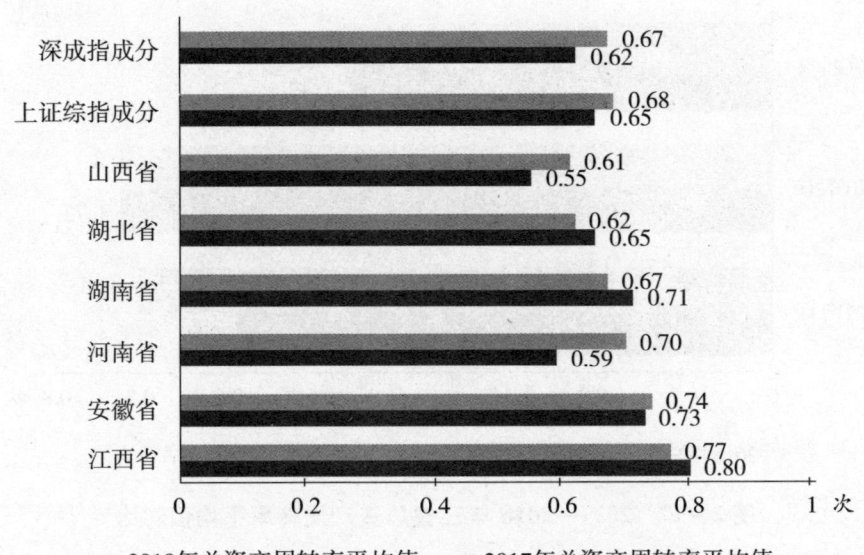

图2-16 2017—2018年中部六省总资产周转率平均值对比

2018年，河南省上市公司的总资产周转率平均值为0.70次，高于西部的陕西省上市公司的总资产周转率平均值，低于东部的山东省上市公司的总资产周转率平均值。通过下表发现，河南省、陕西省和山东省上市公司2018年的总资产周转率均高于2017年，表明这些上市公司对资产的运营掌握越来越好（见图2-17）。

2018年各省份总资产周转率排名第一的上市公司（见表2-18），在各省市中总资产周转率最高的为上海的上海钢联，为9.66次，属于信息传输、软件和信息技术服务业，其次是河南省的东方银星和江苏省的远大控股，分别为8.51次和8.27次，在证监会行业中均属批发和零售业；排名最靠后的上市公司为青海省智慧能源，为0.94次，属于制造业。各省份上市公司大多数所属证监会行业为制造业。河南省总资产周转率排名最高的为东方银星，为8.51次，属于批发和零售业，在各省份总资产周转率中排名第二,表明河南省的东方银星对资产经营质量和利用效率比较高。

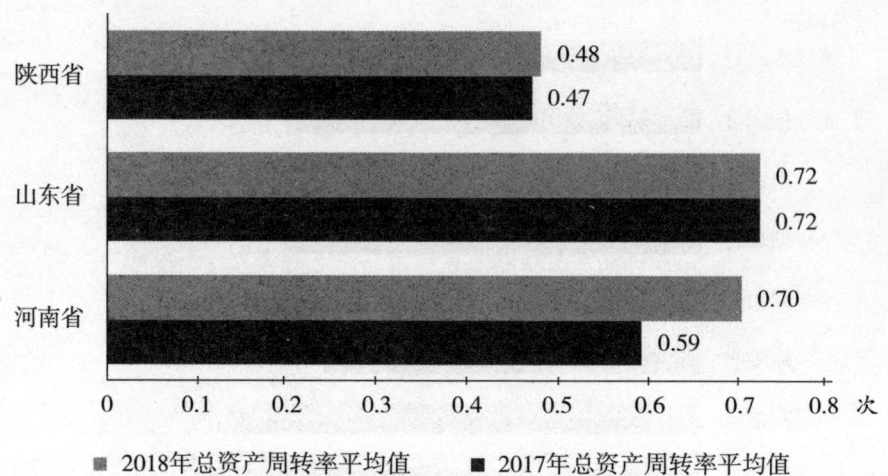

图2-17 2017—2018年三省总资产周转率平均值对比

表2-18 2018年各省份总资产周转率第一名排名榜

证券代码	证券简称	总资产周转率(次)	所属证监会行业名称	省份
300226.SZ	上海钢联	9.6634	信息传输、软件和信息技术服务业	上海
600753.SH	东方银星	8.5144	批发和零售业	河南
000626.SZ	远大控股	8.2733	批发和零售业	江苏
002082.SZ	万邦德	5.7973	制造业	浙江
002416.SZ	爱施德	5.0144	批发和零售业	广东
000509.SZ	华塑控股	4.7260	制造业	四川
600057.SH	厦门象屿	4.6639	租赁和商务服务业	福建
603223.SH	恒通股份	4.1167	交通运输、仓储和邮政业	山东
000829.SZ	天音控股	3.1612	批发和零售业	江西
600459.SH	贵研铂业	3.0397	制造业	云南
603527.SH	众源新材	2.8975	制造业	安徽
603871.SH	嘉友国际	2.7026	交通运输、仓储和邮政业	北京
600751.SH	海航科技	2.6726	批发和零售业	天津

续表

证券代码	证券简称	总资产周转率（次）	所属证监会行业名称	省份
600729.SH	重庆百货	2.4916	批发和零售业	重庆
002567.SZ	唐人神	2.4506	制造业	湖南
603609.SH	禾丰牧业	2.4389	制造业	辽宁
000985.SZ	大庆华科	2.4265	制造业	黑龙江
002640.SZ	跨境通	2.0610	批发和零售业	山西
601003.SH	柳钢股份	1.9719	制造业	广西
000759.SZ	中百集团	1.9301	批发和零售业	湖北
300428.SZ	四通新材	1.8052	制造业	河北
600887.SH	伊利股份	1.6419	制造业	内蒙古
600785.SH	新华百货	1.6066	批发和零售业	宁夏
600742.SH	一汽富维	1.4957	制造业	吉林
600090.SH	同济堂	1.3623	批发和零售业	新疆
000505.SZ	京粮控股	1.3472	制造业	海南
000796.SZ	凯撒旅游	1.3433	租赁和商务服务业	陕西
601212.SH	白银有色	1.3368	制造业	甘肃
000851.SZ	高鸿股份	1.0959	批发和零售业	贵州
300624.SZ	万兴科技	1.0793	信息传输、软件和信息技术服务业	西藏
600869.SH	智慧能源	0.9406	制造业	青海

五、股本扩张能力相对比较分析

2018年，江西省的每股净资产平均值最高，同等超出上证综指成分股票和深成指成分股票的每股净资产平均值，为5.55元，说明其有较强的股本扩张能力，股东也具有较强的获利能力。与其他五省上市公司的每股净资产平均值相比，2018年河南省上市公司的每股净资产平均值为4.45元，优于山西省、湖南省。河南省上市公司每股净资产平均值处于中下等水平，即河南省上市公司的股本扩张能力在中部六省中处于中下等水平。同 2017 年相比，河南省上市公司每股净资产平均值呈现出下降趋势，由 4.51 元下降至 4.45 元，表明河南省上市公司的股本扩张能力呈现下降趋势。

2017—2018 年，上证综指成分股票、深成指成分股票和中部六省上市公司的每股净资产平均值相对比较，如图 2-18 所示。

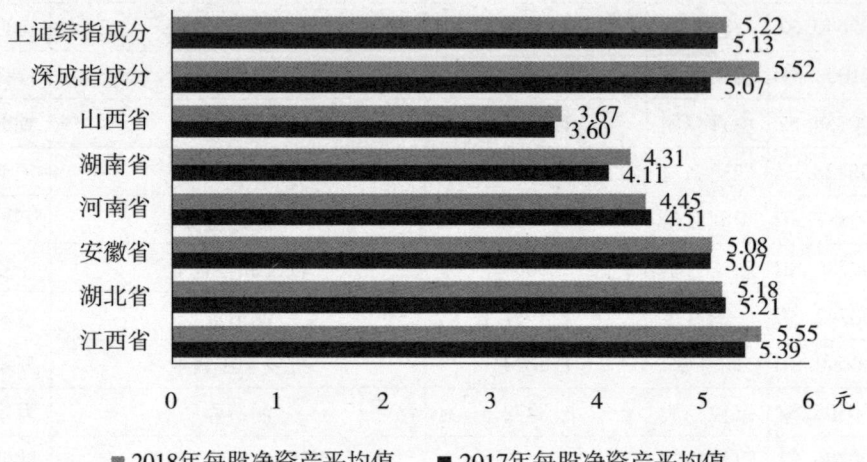

图 2-18 2017—2018 年中部六省每股净资产平均值对比

2018 年，河南省上市公司中每股净资产相对于该年度河南省上市公司每股净资产平均值 4.45 元来说，低于平均值的上市公司有 44 家，占比 55%；高于平均值的有 36 家，占比 45%。其中，每股净资产低于 1 元的有莲花健康，为 -0.28 元及 *ST 雏鹰为 0.34 元，表明其每一普通股所含的净资产比较少，股本扩张能力相对较弱；而每股净资产高于 10 元的有思维列控、设研院及明泰铝业，分别为 16.67 元、15.24 元和 10.06 元；表明这三家上市公司每一普通股所含的净资产比较多，股本扩张能力相对较强。

2018 年，河南省上市公司的每股净资产平均值为 4.45 元，高于西部陕西省上市公司的每股净资产平均值，低于东部山东省上市公司每股净资产平均值。通过图 2-19 发现，山东省和陕西省上市公司 2018 年的每股净资产平均值均高于 2017 年，表明这些上市公司的股本扩张能力在增强。

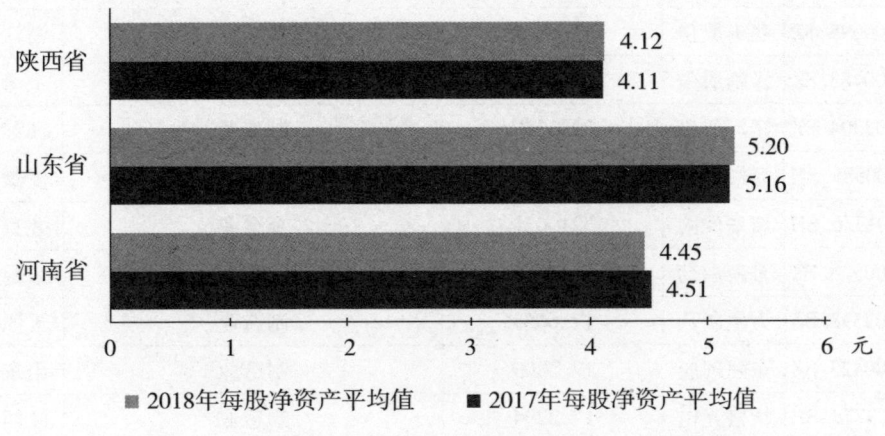

图 2-19　2017—2018 年三省每股净资产平均值对比

2018 年各省份每股净资产排名第一的上市公司（见表 2-19），在各省份中每股净资产最高的是贵州省的贵州茅台，为 89.82 元，属于制造业；其次是福建省的吉比特和吉林省的长春高新，为 40.44 元和 31.13 元，分别属于信息传输、软件和信息技术服务业与制造业；排名最后的是青海省的广誉远，为 6.48 元，属于制造业。各省份上市公司大多数所属证监会行业为制造业。河南省上市公司中每股净资产最高的是思维列控，为 16.67 元，属于制造业，在各省份上市公司中排名第八，表明河南省制造业表现较强，股本扩张能力较强。

表 2-19　2018 年各省份每股净资产第一名排名榜

证券代码	证券简称	每股净资产（元）	所属证监会行业名称	省份
600519.SH	贵州茅台	89.8255	制造业	贵州
603444.SH	吉比特	40.4408	信息传输、软件和信息技术服务业	福建
000661.SZ	长春高新	31.1268	制造业	吉林
601318.SH	中国平安	30.44	制造业	广东
600694.SH	大商股份	27.5067	批发和零售业	辽宁

续表

证券代码	证券简称	每股净资产（元）	所属证监会行业名称	省份
300695.SZ	兆丰股份	25.8546	制造业	浙江
300483.SZ	沃施股份	23.3739	采矿业	上海
002304.SZ	洋河股份	22.3257	制造业	江苏
600585.SH	海螺水泥	21.26	制造业	安徽
601336.SH	新华保险	21.02	金融业	北京
000538.SZ	云南白药	18.9956	制造业	云南
002393.SZ	力生制药	17.6063	制造业	天津
000423.SZ	东阿阿胶	17.2809	制造业	山东
603773.SH	沃格光电	17.2294	制造业	江西
603508.SH	思维列控	16.6734	制造业	河南
000858.SZ	五粮液	16.3559	制造业	四川
603368.SH	柳药股份	14.847	批发和零售业	广西
300741.SZ	华宝股份	14.5948	制造业	西藏
603393.SH	新天然气	14.1497	电力、热力、燃气及水生产和供应业	新疆
600729.SH	重庆百货	13.6848	批发和零售业	重庆
600893.SH	航发动力	11.7471	制造业	陕西
600340.SH	华夏幸福	11.5796	房地产业	河北
600291.SH	西水股份	11.4952	金融业	内蒙古
000926.SZ	福星股份	11.3535	房地产业	湖北
603939.SH	益丰药房	10.7715	批发和零售业	湖南
600449.SH	宁夏建材	10.1403	制造业	宁夏
000567.SZ	海德股份	9.3656	金融业	海南
600123.SH	兰花科创	8.9328	采矿业	山西
600720.SH	祁连山	7.4168	制造业	甘肃
600356.SH	恒丰纸业	7.0642	制造业	黑龙江
600771.SH	广誉远	6.4826	制造业	青海

第四节　河南省上市公司财务绩效市场分析

河南省上市公司主要分布在主板市场上，共有 41 家企业；其次是中小企业板，共有 26 家企业；最后，12 家企业分布在创业板。但是，2018 年河南省主板市场上中孚实业和莲花健康，中小板市场上的雏鹰农牧三家企业被冠以"*ST"警示。

从主板市场上上市公司的盈利能力上看（见表 2-20），净资产收益率为正的企业有 31 家，比 2017 年减少了 6 家，双汇发展、安图生物、城发环境、安阳钢铁、以及神马股份的净资产收益率超过 20%，盈利能力比较好；从偿债能力上看，神火股份的偿债能力最差；从营运能力上看，东方银星总资产周转率 8.51 次远超过其他企业，营运能力最好；从反映成长能力的营业收入上看，东方银星和郑煤机的营业收入增长率分别为 457.52%、244.63%，均超过了 100%，企业前景非常好，而且，东方银星已连续两年位列第一；从股本扩张能力上看，每股净资产最高的是思维列控和明泰铝业。综合来看，中孚实业、风神股份和莲花健康的经营状况较差。

表 2-20　2018 年河南省主板市场上市公司财务指标数据

证券代码	证券简称	净资产收益率（%）	资产负债率（%）	总资产周转率（次）	营业收入增长率（%）	每股净资产（元）
000895.SZ	双汇发展	35.62	37.36	2.15	-3.32	3.93
603658.SH	安图生物	31.29	26.00	0.80	37.82	4.59
000885.SZ	城发环境	26.77	67.54	0.25	-57.04	5.01
600569.SH	安阳钢铁	25.12	74.47	0.98	22.74	3.48
600810.SH	神马股份	22.76	63.42	1.07	4.38	7.19
600781.SH	辅仁药业	17.77	48.99	0.61	8.92	8.61

续表

证券代码	证券简称	净资产收益率（%）	资产负债率（%）	总资产周转率（次）	营业收入增长率（%）	每股净资产（元）
600066.SH	宇通客车	14.32	54.47	0.87	-4.44	7.06
000676.SZ	智度股份	13.07	25.66	1.03	20.17	6.07
600753.SH	东方银星	12.17	21.77	8.51	457.52	1.43
603993.SH	洛阳钼业	11.72	51.00	0.26	7.52	1.90
600285.SH	羚锐制药	11.43	32.65	0.64	11.07	3.55
000719.SZ	中原传媒	9.86	32.68	0.80	10.11	7.53
601677.SH	明泰铝业	8.79	34.74	1.48	28.55	10.06
600439.SH	瑞贝卡	8.48	41.19	0.40	-3.35	2.52
603566.SH	普莱柯	8.46	14.06	0.33	14.75	5.05
600403.SH	大有能源	8.37	50.74	0.46	15.03	3.56
601717.SH	郑煤机	7.48	55.61	1.11	244.63	6.61
000544.SZ	中原环保	7.36	33.03	0.13	5.19	5.94
603508.SH	思维列控	7.21	5.95	0.19	17.68	16.67
600020.SH	中原高速	6.55	77.64	0.12	-7.42	4.20
601666.SH	平煤股份	5.76	69.96	0.44	-2.84	5.45
600121.SH	郑州煤电	4.56	65.62	0.40	-15.79	3.33
600531.SH	豫光金铅	4.02	69.51	1.79	10.80	3.02
000933.SZ	神火股份	3.98	85.69	0.35	-0.34	3.20
600312.SH	平高电气	3.22	58.99	0.52	20.74	6.58
000949.SZ	新乡化纤	3.13	53.46	0.63	9.42	2.91
000400.SZ	许继电气	2.60	42.70	0.55	-20.46	7.69
600876.SH	洛阳玻璃	1.73	70.13	0.48	-6.62	2.22
601608.SH	中信重工	1.48	62.60	0.26	12.55	1.65
600469.SH	风神股份	0.93	71.88	0.85	-14.86	3.59
601375.SH	中原证券	0.65	73.25	—	-23.19	2.57
600069.SH	银鸽投资	-4.29	58.33	0.66	-3.48	1.24
600172.SH	黄河旋风	-5.10	59.35	0.29	7.03	3.08

续表

证券代码	证券简称	净资产收益率（%）	资产负债率（%）	总资产周转率（次）	营业收入增长率（%）	每股净资产（元）
600222.SH	太龙药业	-8.01	50.93	0.42	2.26	2.42
000612.SZ	焦作万方	-9.90	43.24	0.66	-2.15	3.54
001896.SZ	豫能控股	-10.96	69.66	0.38	-7.75	4.95
600207.SH	安彩高科	-19.12	18.95	0.99	7.56	1.82
601038.SH	一拖股份	-29.53	64.57	0.42	-23.25	4.06
600595.SH	*ST中孚	-64.33	89.37	0.48	1.98	1.68
600186.SH	*ST莲花	—	128.97	0.96	-6.70	-0.28

注：冠以"*ST"为警示。

从中小企业板企业的盈利能力上看（见表2-21）：2018年净资产收益率最高的企业为华兰生物，高达22.36%；其次是利达光电21.94%，五家企业净资产收益率为负。从偿债能力上看：资产负债率最高的企业是郑州银行，高达91.88%，比雏鹰农牧还要高；华兰生物的资产负债率最低，其举债能力差，中小板企业的资产负债率大都处于较为合理的范围内。从营运能力上看：三全食品和利达光电的营运能力较好，而其他企业总资产周转率均低于1次。从成长能力上看：营业收入增长率最高的企业是利达光电，增长率为55.34%，仅是2017年成长冠军的一半，除了雏鹰农牧外还有4家企业营收增长率为负；从股本扩张能力上看，中航光电排名第一。

表2-21 2018年河南省中小企业板市场上市公司财务指标数据

证券代码	证券简称	净资产收益率（%）	资产负债率（%）	总资产周转率（次）	营业收入增长率（%）	每股净资产（元）
002007.SZ	华兰生物	22.36	11.10	0.55	35.84	5.94
002189.SZ	利达光电	21.94	63.60	1.47	55.34	3.89
002601.SZ	龙蟒佰利	18.06	39.62	0.51	1.78	6.11
002179.SZ	中航光电	17.44	50.54	0.67	22.86	7.31

续表

证券代码	证券简称	净资产收益率（%）	资产负债率（%）	总资产周转率（次）	营业收入增长率（%）	每股净资产（元）
002536.SZ	西泵股份	11.57	40.80	0.82	5.80	6.57
002406.SZ	远东传动	11.34	13.06	0.62	12.94	4.35
002448.SZ	中原内配	11.04	33.84	0.40	6.15	4.44
002087.SZ	新野纺织	10.80	59.21	0.64	16.64	4.78
002225.SZ	濮耐股份	9.11	47.37	0.78	37.25	2.91
002936.SZ	郑州银行	8.88	91.88	—	9.44	4.87
002857.SZ	三晖电气	8.33	26.72	0.39	13.33	3.57
002770.SZ	科迪乳业	7.52	47.58	0.41	3.74	1.62
002358.SZ	森源电气	5.67	45.72	0.30	-23.95	5.42
002216.SZ	三全食品	5.02	55.26	1.23	5.39	2.55
002321.SZ	华英农业	4.69	66.96	0.62	29.77	4.84
002714.SZ	牧原股份	4.16	54.07	0.50	33.32	4.71
002582.SZ	好想你	3.92	39.62	0.93	21.59	6.48
002613.SZ	北玻股份	2.55	20.12	0.50	-10.46	1.58
002407.SZ	多氟多	2.10	50.74	0.52	4.74	5.07
002296.SZ	辉煌科技	1.97	28.77	0.25	-3.33	3.79
002046.SZ	轴研科技	0.96	38.77	0.50	38.28	5.07
002560.SZ	通达股份	-0.76	43.30	0.90	46.20	3.53
002132.SZ	恒星科技	-4.93	48.70	0.51	-1.05	2.24
002535.SZ	林州重机	-5.12	62.62	0.27	24.86	3.46
002423.SZ	中原特钢	-7.45	55.02	0.31	5.41	2.89
002477.SZ	*ST 雏鹰	-128.01	87.89	0.16	-37.60	0.34

注：冠以"*ST"为警示。

从创业板企业的盈利能力上看（见表2-22），净资产收益率排名前四的企业分别为清水源、设研院、濮阳惠成和森霸传感，这四家企业2017年也是前四名，而易成新能已连续两年成创业板盈利最差的企业；从偿债能力上看，创业板企业资产负债率普遍不高，偿债能力较好，资产负债率最低的企业依然是森霸传感；营运能力上，创业板企业的总资产周转率都低于1次，营运能力整体偏低；从成长能力上看，仅豫金刚石的营业收入是负增长,营业收入增长最快的企业是清水源;从股本扩张能力上看,股本扩张能力最强的依然是设研院,每股净资产高达15.24元,比2017年下降了28.5%。

表2-22 2018年河南省创业板市场上市公司财务指标数据

证券代码	证券简称	净资产收益率(%)	资产负债率(%)	总资产周转率(次)	营业收入增长率(%)	每股净资产(元)
300437.SZ	清水源	18.84	57.29	0.49	103.55	6.54
300732.SZ	设研院	16.65	46.38	0.35	21.72	15.24
300481.SZ	濮阳惠成	16.54	15.84	0.82	17.55	2.98
300701.SZ	森霸传感	15.38	5.12	0.38	3.31	5.97
300259.SZ	新天科技	7.87	19.39	0.36	14.82	1.64
300179.SZ	四方达	7.83	22.22	0.36	19.78	1.69
300109.SZ	新开源	6.95	44.59	0.33	42.92	5.85
300248.SZ	新开普	6.85	30.64	0.40	8.84	3.00
300480.SZ	光力科技	6.26	12.24	0.33	31.77	3.62
300263.SZ	隆华科技	5.39	36.47	0.40	50.82	2.83
300064.SZ	豫金刚石	1.40	27.50	0.13	-19.09	5.75
300080.SZ	易成新能	-15.84	61.51	0.48	52.61	3.04

一、盈利能力分市场比较

在衡量盈利能力的净资产收益率指标中,河南省创业板市场最高,其次是主板和中小板,创业板的净资产收益率平均值分别比主板和中小板高3.34和6.18个百分点,主板的盈利能力同比下降0.62个百分点,中小板的盈利能力同比下降了4.43个百分点,而创业板的盈利能力势头较好,同比上涨1.53%,另外,只有中小板的盈利能力低于省内平均水平,总体来说,2018年河南省中小板的盈利能力比较弱,创业板的盈利能力较好。

2018年,河南省各市场盈利能力比较,如图2-20所示。

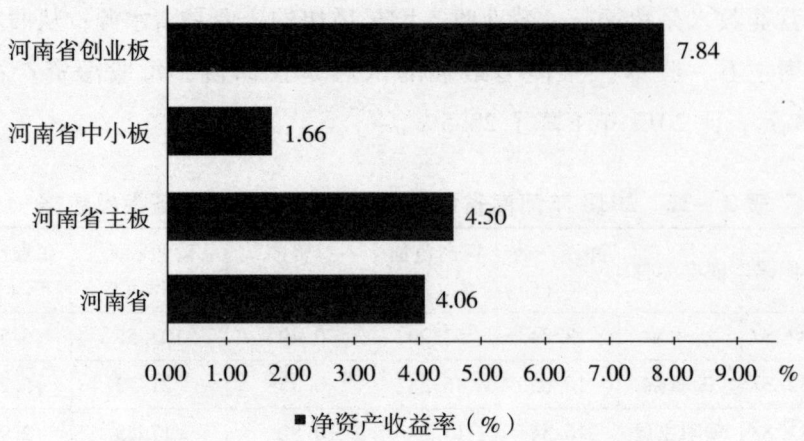

图 2-20　2018 年河南省盈利能力分市场比较

河南省各市场盈利能力与全国平均水平相比，河南省主板市场和创业板市场的净资产收益率平均值都低于全国平均水平，而且省内盈利能力最好的创业板市场却与全国平均水平的差距最大，而省内盈利能力最差的中小板市场反而比全国平均水平高。

2018 年，河南省各市场盈利能力与全国平均水平比较，如图 2-21 所示。

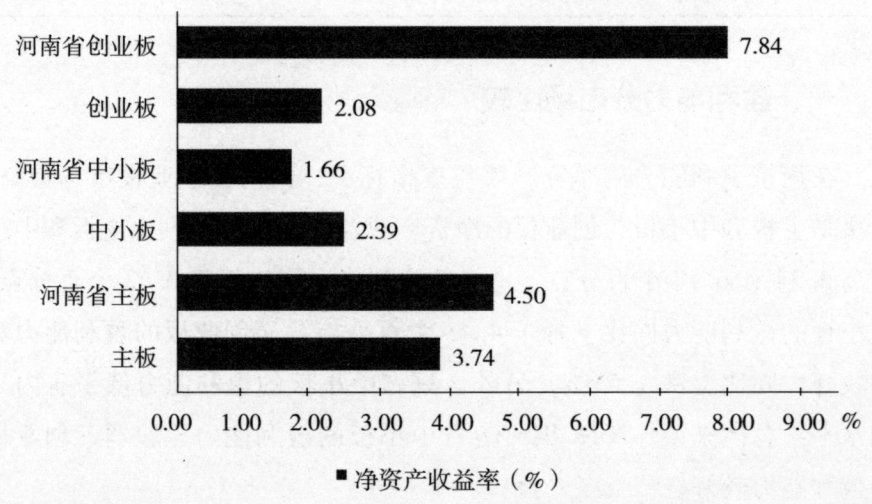

图 2-21　2018 年河南省各市场盈利能力与全国平均水平比较

二、偿债能力分市场比较

在衡量偿债能力的资产负债率指标中，2018 年河南省主板市场、中小板市场和创业板市场上市公司资产负债率平均值分别为 53.9%、47.03% 和 31.6%，其中，主板市场的资产负债率分别比中小企业板和创业板市场上市公司资产负债率平均值高 6.87 和 22.3 个百分点，而且，只有主板市场的资产负债率高于省内平均值，主板和中小板的资产负债率处于比较合理的范围，而创业板的资产负债率虽然偏低，长期偿债能力强，但也说明创业板的举债能力弱。

2018 年，河南省各市场偿债能力比较，如图 2-22 所示。

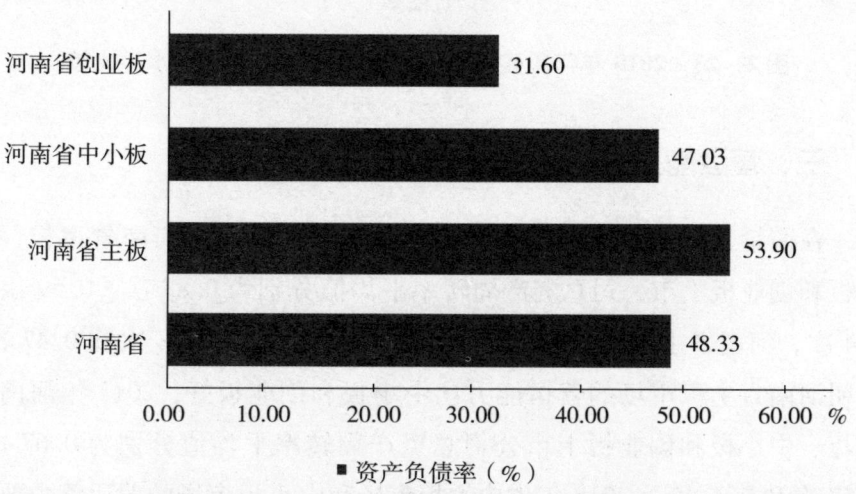

图 2-22　2018 年河南省偿债能力分市场比较

河南省各市场盈利能力与全国平均水平相比，河南省创业板的资产负债率平均值比全国创业板市场的平均水平要低，表明河南省创业板市场上市公司的平均偿债能力较好，河南省中小企业板和主板市场的资产负债率均高于全国中小企业板的平均水平，表明河南省中小板市场和主板市场上市公司的长期偿债能力低于全国平均水平。

2018年，河南省各市场盈利能力与全国平均水平比较，如图2-23所示。

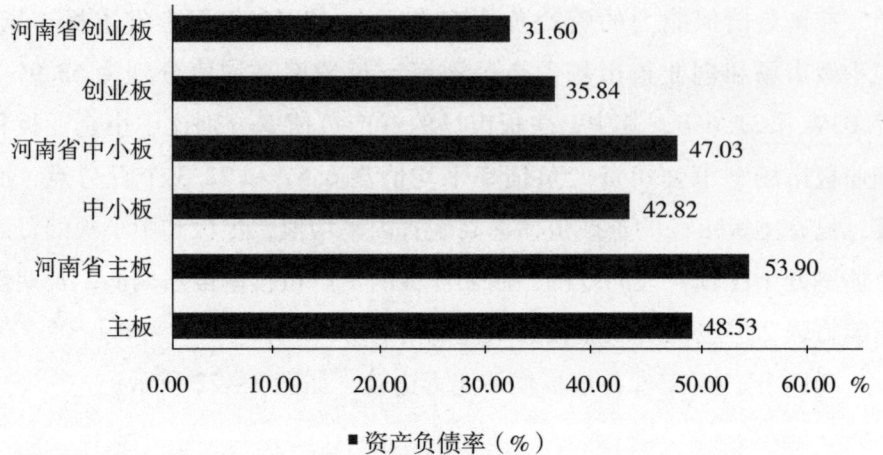

图2-23 2018年河南省各市场偿债能力与全国平均水平比较

三、营运能力分市场比较

在衡量营运能力的总资产周转率指标中，2018年河南省主板、中小板和创业板上市公司总资产周转率平均值分别为0.87次、0.59次和0.4次，河南省主板市场比中小板和创业板分别高0.28次和0.47次，表明河南省主板市场的营运能力比中小板和创业板好；2017年河南省主板、中小板和创业板上市公司总资产周转率平均值分别为0.67次、0.57次和0.4次，，2018年省内主板市场和中小板市场的营运能力要比2017年高，创业板市场的营运能力与2017年基本持平。

2018年，河南省各市场总资产周转率比较，如图2-24所示。

河南省各市场营运能力与全国同板块市场平均水平相比，河南省主板市场的总资产周转率平均值高于全国主板市场的平均水平，河南省中小板市场和创业板市场的总资产周转率低于全国平均水平。这些说明，河南省主板市场上市公司营运能力的平均水平较高，河南省中小企业板市场和创业板市场上市公司的营运能力与同板块市场的上市公司仍有一定的差距。

第二章 河南省上市公司财务绩效分析

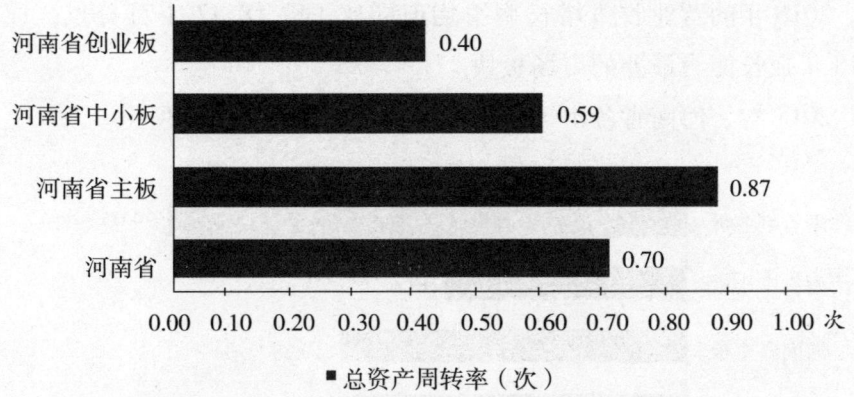

图 2-24 2018 年河南省营运能力分市场比较

2018 年,河南省各市场营运能力与全国平均水平比较,如图 2-25 所示。

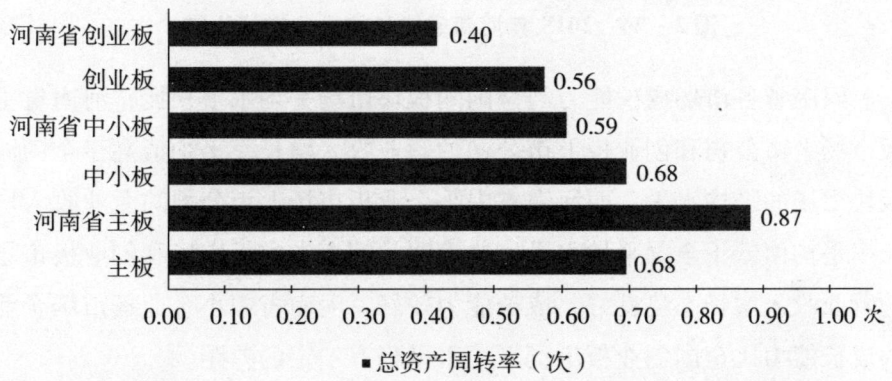

图 2-25 2018 年河南省各市场营运能力与全国平均水平比较

四、成长能力分市场比较

在衡量成长能力的营业收入增长率指标中,2018 年河南省主板、中小企业板和创业板市场的上市公司营业收入增长率平均值分别为 30.74%、31.93% 和 43.94%,其中,河南省创业板市场的营业收入增长率最高,比主板和中小企业板分别高 13.2 和 12.01 个百分点,2018 年创业板市场的成长能力最好;2018 年河南省创业板的营业收入增长率平均值同比增长了 5.12 个百分点,而 2017 年成长能力最好的主板市场,2018 年的营业收入增长率平均值同比下降 18.77 个百分点,成为 2018 年成长能力最差的市场板块。

2018 年,河南省各市场成长能力比较,如图 2-26 所示。

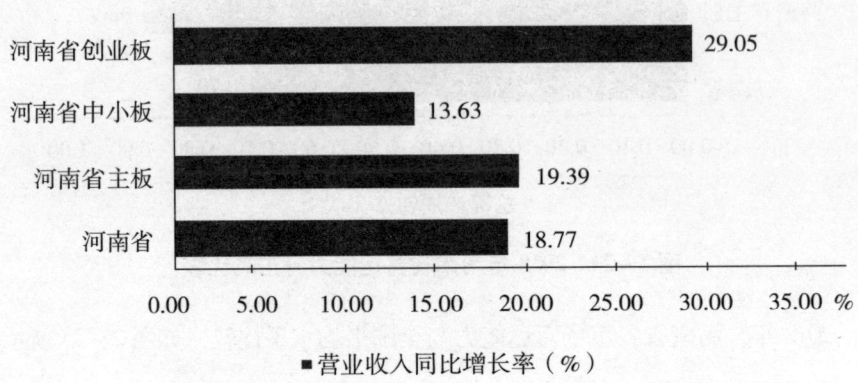

图 2-26 2018 年河南省成长能力分市场比较

河南省各市场成长能力与全国同板块市场平均水平相比,河南省主板市场上市公司和创业板上市公司的营业收入增长率平均值高于全国同板块市场的平均水平,而河南省中小企业板市场上市公司的营业收入增长率平均值低于全国平均水平。这表明,河南省主板市场和创业板市场的营业收入增长态势良好,成长能力较好,河南省中小企业板市场企业的成长能力比全国创业板市场平均水平仍有一定的差距。

2018 年,河南省各市场成长能力与全国平均水平比较,如图 2-27 所示。

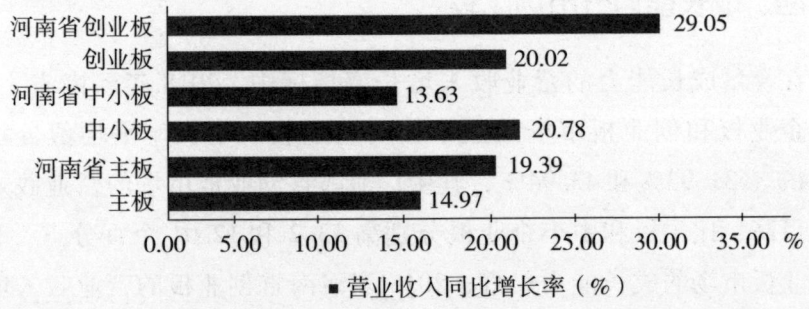

图 2-27 2018 年河南省各市场成长能力与全国平均水平比较

五、股本扩张能力分市场比较

在衡量股本扩张能力的每股净资产指标中，2018年河南省主板市场、中小板市场和创业板市场上市公司的每股净资产平均值分别为4.49元、4.17元和4.85元，均比2017年有所上升，另外，创业板市场上市公司每股净资产平均值比主板、中小企业板分别高0.36元和0.68元，而且中小板市场的每股净资产平均值低于省内平均水平。河南省创业板市场近两年的股本扩张能力都是最强的，而河南省中小企业板的股本扩张能力有待加强。

2018年，河南省各市场股本扩张能力比较，如图2-28所示。

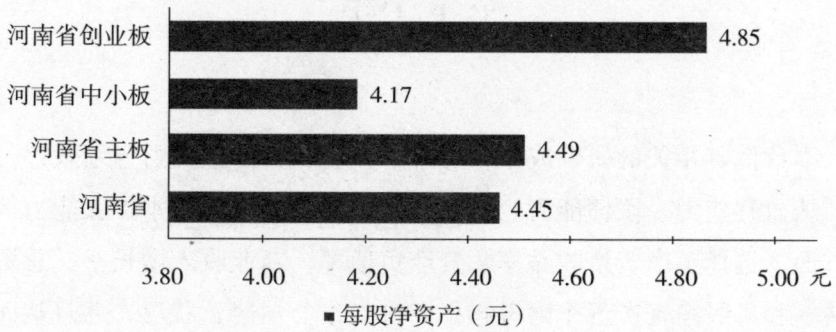

图2-28　2018年河南省股本扩张能力分市场比较

河南省各市场成长能力与全国同板块市场平均水平相比，仅创业板市场的每股净资产平均值高于全国同板块市场的平均水平，也是河南省三个板块中股本扩张能力最强的板块；河南省主板上市公司、中小企业板上市公司每股净资产平均值都比全国平均水平低，也就是说，河南省主板市场和中小企业板市场上市公司的股本扩张能力低于全国平均水平。

2018年，河南省各市场股本扩张能力与全国平均水平比较，如图2-29所示。

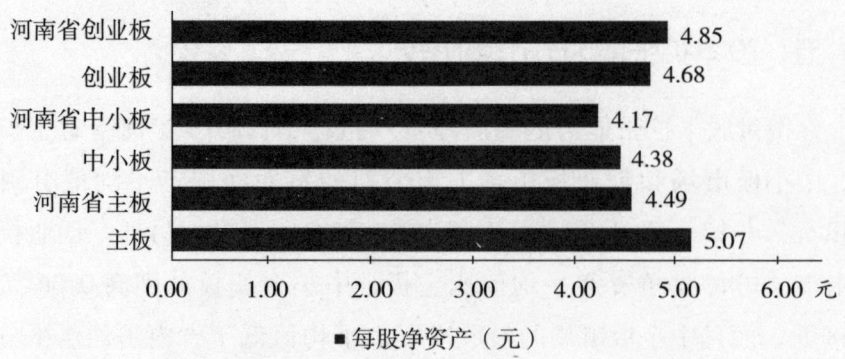

图 2-29　2018 年河南省各市场股本扩张能力与全国平均水平比较

本章小结

本章借鉴相关的研究成果，建立了一套较为严谨的财务绩效评价体系，从盈利能力、偿债能力、成长能力、营运能力和股本扩张能力等五个方面，选择了净资产收益率、资产负债率、营业收入增长率、总资产周转率和每股净资产五个财务指标评价上市公司经营状况，并且从四个层面对河南上市公司的财务绩效进行分析。

第一，2018 年，79 家上市公司共实现营业收入总额达 4993.62 亿元，相比 2017 年增加了 35 亿元。从 79 家上市公司净利润情况来看，其中 64 家上市公司实现较好利润，15 家企业净利润显示亏损，相比 2017 年上市公司年报数据多出 8 家。河南省上市公司总市值同比下降了 23.4%。盈利能力方面，净资产收益率为负的上市公司共有 14 家，比 2017 年增加了一半；但是，河南省上市公司的财务杠杆还有很大的可利用空间；2018 年，营业收入增长率不容乐观，成长能力与 2017 年有较大差距；营运能力表现较强；股本扩张基础较坚实。

第二，河南省上市公司财务绩效分行业分析。"交通运输、仓储和邮政业"的盈利能力和股本扩张能力最强，而"信息传输、软件和信息技术服务业"成为净资产收益率最低的行业；在偿债能力方面，"信息传输、软件和信息技术服务业"资产负债率最低，理论上来说，长期偿债能力最强，但其盈利能力又较差，也反映这一行业资产利用效率低的问题；另外，"信息传输、软件和信息技术服务业"的成长能力和营运能力都是最高的，"金融业"资产负债率最高，总资产周转率最低，也就是说偿债能力和营运能力比较差。河南省各行业的财务绩效指标的平均值与证监会行业平均值相比，有以下结论：在盈利能力方面，河南省"电力、热力、燃气及水生产和供应业"和"金融业"的盈利能力高于证监会行业平均水平，其他行业均低于证监会行业平均水平；在偿债能力方面，河南省"电力、热力、燃气及水生产和供应业""信息传输、软件和信息技术服务业""金融业"上市公司的资产负债率低于证监会平均水平；在成长能力方面，只有"信息传输、软件和信息技术服务业"的成长能力优于证监会行业平均水平，其他行业均低于证监会行业平均水平；在营运能力方面，河南省"电力、热力、燃气及水生产和供应业""信息传输、软件和信息技术服务业""金融业"上市公司营运能力优于比较对象；在股本扩张能力方面，河南省"采矿业""交通运输、仓储和邮政业"和"金融业"的股本扩张能力低于证监会行业平均水平。

第三，河南省上市公司相对财务绩效分析。与中部六省相比，在盈利能力方面，河南省上市公司的盈利能力在山西省、江西省和安徽省之后，位居第四，处于中等水平；在偿债能力方面，河南省上市公司的偿债能力仅次于山西省，位居第二，处于中上等水平；在成长能力方面，河南省上市公司的成长能力次于湖南省，位居第二，处于中上等水平；在营运能力方面，河南省上市公司的营运能力在江西省和安徽省之后，位居第三，处于中等水平；在股本扩张能力方面，河南省上市公司的股本扩张能力优于山西省、湖南省，位居第四，处于中下等水平。

第四，河南省上市公司财务绩效分市场分析。盈利能力方面，河南省创业板的盈利能力高于主板和中小企业板上市公司，与全国同板块平均水平相比，河南省主板和创业板的盈利能力均低于全国同板块市场平均水平，而省内盈利能力最差的中小板反而高于全国同板块市场平均水平；偿债能力方面，河南省主板市场上市公司的资产负债率高于中小板和创业板市场上市公司，其偿债能力最差，但也说明其举债能力强，与全国同板块平均水平相比，河南创业板的偿债能力优于全国同板块平均水平，河南中小板和主板市场的偿债能力比全国同板块平均水平差；营运能力方面，河南省主板市场的营运能力最好，其次是中小板和创业板市场上市公司，与全国同板块平均水平相比，河南省主板市场的营运能力高于全国同板块市场平均水平，河南省中小板和创业板的营运能力都不如全国同板块市场平均水平；成长能力方面，创业板优于中小企业板和主板市场上市公司，与全国同板块市场平均水平相比，河南省中小企业板市场上市公司的成长能力不如全国同板块市场平均水平；股本扩张能力方面，河南省创业板市场上市公司最强，而中小企业板市场上市公司最弱，与全国同板块市场平均水平相比，河南省创业板市场上市公司优于全国同板块市场上市公司平均水平。

  从分析结果来看，河南省上市公司的财务绩效状况总体上较为理想，但在以下四个方面有待进一步提高：一是促进河南省上市公司盈利能力和成长能力的提高，尤其是成长能力，河南省上市公司的成长能力近三年都比较差；二是河南省在"农、林、牧、渔业""交通运输、仓储和邮政业""信息传输、软件和信息技术服务业""电力、热力、燃气及水生产和供应业"有较好的基础，应进一步促进其发展和完善，打造成硬实力行业；三是培育出河南省有竞争力的上市公司，河南省"制造业"占比最大，但是其各项财务指标均处于行业中等水平，有的甚至是中等偏下水平，没有明显的优势，河南省应加大对"制造业"的重视和扶持力度，使之具有更强的竞争力；四是加大对河南省中小企业的引导和扶持，促进其更好的发展。

第三章　河南省上市公司治理评价分析

河南省的上市公司在2018年发展迅速，在A股市场上市了郑州银行一家公司，该家公司选择了深市上市。港股市场方面，在2018年河南省上市了四家公司，分别是中原银行、恒大集团控股、中国春来和富森药业。截至2018年12月31日，中国A股上市公司数量达到3567家，其中河南省上市公司数量为79家。全国A股股票合计为57324亿股，A股总股本高达65041亿股，其中河南省上市公司A股股票合计1004.76亿股，A股总股本为1080.09亿股。另外在港股市场，截至2018年年底河南省也有24家企业已经上市。

河南省上市公司历经26年的发展，已经逐步建立了现代公司治理结构与治理机制，但仍然有许多不足之处。因此本章从四个方面对河南省上市企业的公司治理绩效进行评价，主要以A股市场为主，H股市场的分析结果仅作为对A股市场的参考，不列入评价。本章通过发现河南省上市企业公司治理的得失，从而为上市企业改善公司治理提供参考。

第一节　公司治理评价分析的研究设计

一、公司治理结构理论

公司治理结构是现代公司制度的核心，是一种动态的过程。公司治理结构是通过一套包括正式或非正式的、内部或外部的制度或机制来协调公司与公司利益相关者之间的利益关系,以确保少数股东收到有关公司价值的真实信息,从而促进企业价值的最大化。

公司治理结构是指为实现资源配置的有效性,所有者(股东)对公司的经营管理和绩效进行监督、激励、控制和协调的一整套制度安排,它反映了决定公司发展方向和业绩的各参与方之间的关系。典型的公司治理结构是由所有者、董事会和执行经理层等形成的一定的相互关系框架。根据国际惯例,规模较大的公司,其内部治理结构通常由股东会、董事会、经理层和监事会组成,它们依据法律赋予的权利、责任、利益相互分工,并相互制衡。它是为实现公司最佳经营业绩、公司所有权与经营权基于信托责任而形成相互制衡关系的结构性制度安排。

现代公司制度使所有权与经营权相分离,这一分离反映了契约控制权的授权关系,导致所有者与经营者信息不对称,各相关利益主体例如股东、经营者、员工、债权人、顾客等的地位及其所拥有的信息量不同,进而决定了各利益方之间存在着不对称和不完备的契约。经营者对企业的经营管理产生了委托与代理问题,公司治理所要解决的问题是解决委托—代理问题,控制代理成本,提高公司绩效。通过契约关系的制度安排来确保委托人及所有者的权益不被侵害,保障所有者对公司的最终控制权,规范公司各利益相关者之间的关系,发挥他们的比较优势。

良好的公司治理结构,可解决公司各方利益分配问题,对公司能否高效运转、是否具有竞争力,起到决定性的作用。中国公司治理结构采用的是"三权分立"制度,即决策权、经营管理权、监督权分属于股东会、董事会或执行董事、监事会。通过权力的制衡,使三大机关各司其职,又相互制约,保证公司顺利运行。

公司治理机构是股东、董事会、总经理之间的权、责、利划分和相互制衡的机制,是一种控制与激励机制,其根本目的在于明确权力、责任和利益,形成权力制衡、控制与激励并存的机制。完善公司治理结构就是要建立一套多层次委托代理、权责分明、相互制衡、相互协调的制度安排与设计。

二、研究方法

公司治理研究发端于20世纪50年代，开始时的公司治理研究集中在对董事会治理的局部定性评价，此后随着信息披露的完善，逐渐实现了对公司治理状况的全面定量评价。1999年5月，由29个发达国家组成的经济合作与发展组织（OECD），理事会正式通过了其制定的《公司治理结构原则》，它是第一个政府间为公司治理结构开发出的国际标准，并得到国际社会的积极响应。该原则旨在为各国政府部门制定有关公司治理结构的法律和监管制度框架提供参考，也为证券交易所、投资者、公司和参与者提供指导，它代表了OECD成员国对于建立良好公司治理结构共同基础的考虑。

中国的公司治理研究以南开大学公司治理研究院的工作最为典型，该机构对公司治理评价的研究始于20世纪末，从2005年以来持续维护公司治理数据库，并利用公司治理指数数据开展了大量学术研究。

现有的公司治理评价多采用指数评价方法，其典型做法是：先将公司治理划分为股东权益保护、董事会治理、经理人激励、信息披露、内幕交易治理等多个方面，再将每个方面的治理细节抽象为可量化的指标分别打分，归纳为单个（或若干个）指数，最后将各指数按一定权重加总，得到公司治理指数。

本章关注的重点是河南省的上市公司，样本规模较小，而结论又要求实用客观，所以在方法论上对现有的指数评价做了一些改动：一方面，虽然本章选取的变量数量较少，但可得性较高，经济意义明确，尽可能使所有河南省上市公司都能纳入研究范围；另一方面，本章关注公司治理的元数据，从元数据的意义进行比较，减少因打分、赋权等人为因素所引入的偏差，可以保留较多数据细节，并使得研究具有可重复性和透明性。

三、公司治理研究指标

本章将公司治理细分为股权结构治理、董事会治理、经理层治理和中小股东利益治理四个方面,在综合考虑数据可得性、可比性和相关性后,将每个方面细化为若干个研究目标来反映,并选择了适当的统计方法和研究指标(见表3-1)。

表3-1　2018年河南省上市企业公司治理评价指标选取

研究方面	研究分目标	研究指标
股权结构治理	股权集中度	H5指数
	股东力量差异	Z指数
董事会治理	董事会规模	董事会规模与营业收入相关度
	董事会结构	董事会人员学历、年龄、上任年数分布
	独立董事	独立董事占比
经理层治理	高管激励	高管薪酬增长与利润增长相关度
	高管结构	高管人员学历、年龄、上任年数分布
	经营合规	处罚记录计数
	财务合规	审计无保留意见计数
中小股东利益治理	股利分配	股利发放占每股收益之比
	关联交易	关联交易计数
	会计师事务所质量	会计师事务所排名

四、公司治理评分设计和数据来源

为了加强结论的微观基础,本章尽可能地按照从下到上的方法,将河南省的每家上市公司的治理评分汇总后得到各公司的整体治理评分,但受技术方法所限制,部分指标的整体评分和个体评分会采用不同的方式计算,还有部分指标的整体评分会在个体评分汇总的基础上做调整,这会在后续研究中详细说明。

涉及数据来源主要是万得(Wind)咨询金融终端和锐思(RES-SET)金融研究数据库。根据Wind数据库提供的上市公司信息,本节将公司按照地域、上市板块进行了分类计数(见表3-2与表3-3)。

在表3-2中可以看到,河南省本地上市A股企业共79家、主板

第三章 河南省上市公司治理评价分析

40家、中小企业板26家、创业板13家,河南省主板上市企业超过全部上市企业的一半,反映了河南省特大企业相对较多,中等规模企业较少的现实。表3-3中,24家H股上市企业中有23家都是主板企业,只有一家创业板,中小企业板数量为零。

从表3-2中可以看到,A股市场中郑州市上市企业有23家、洛阳市有9家、焦作有6家、南阳有5家,仅这四个市的上市企业总和就达到了河南省全部上市企业的半数以上,说明河南省上市企业在省内的地域分布极不平衡。而H股市场上有13家都属于郑州市,一个市的上市企业数量就占到了全部企业的一半,更加说明了分布不平衡的问题非常严重。表3-2与表3-3中列举的各市、各板块上市企业数,是后续总体比较的基数。

表3-2 河南省A股上市企业的地域和上市板块分布

板块 城市	主板	中小企业板	创业板	全部板块
郑州市	12	4	7	23
洛阳市	5	3	1	9
焦作市	3	2	1	6
南阳市	0	4	1	5
平顶山市	3	0	0	3
许昌市	2	1	0	3
巩义市	2	1	0	3
济源市	1	1	1	3
安阳市	2	0	0	2
漯河市	2	0	0	2
濮阳市	0	1	1	2
商丘市	1	1	0	2
新乡市	1	1	0	2
新郑市	0	2	0	2
信阳市	1	1	0	2

续表

板块 城市	主板	中小企业板	创业板	全部板块
长葛市	1	1	0	2
开封市	0	0	1	1
林州市	0	1	0	1
孟州市	0	1	0	1
项城市	1	0	0	1
偃师市	0	1	0	1
义马市	1	0	0	1
永城市	1	0	0	1
周口市	1	0	0	1
河南省	40	25	13	79

表3-3 河南省H股上市企业的地域和上市板块分布

板块 城市	主板	中小企业板	创业板	全部板块
郑州市	12	0	1	13
新乡市	1	0	0	1
汝州市	1	0	0	1
南阳市	2	0	0	2
洛阳市	3	0	0	3
灵宝市	1	0	0	1
许昌市	1	0	0	1
商丘市	1	0	0	1
济源市	1	0	0	1
河南省	23	0	1	24

第二节　河南省上市公司股权结构治理

中国目前资本委托制度尚不健全，导致一些上市公司的管理层唯大股东或实际控制人的利益是从，上市公司独立的法人财产权得不到有效的保护，导致大股东和实际控制人滥用控制权侵占上市企业公司资产的问题时有发生，成为影响中国上市公司质量的突出问题。但是，股权结构从根本上决定了上市企业公司治理过程中的权力分配，不同的股权结构会呈现出不同的公司治理行为特征。

基于此种情况，研究上市公司的治理，首先要研究上市公司的股权结构。本节从两方面衡量上市公司股权结构治理状况：首先衡量上市公司的股权集中度，即股权在大股东和小股东之间的分布状况；然后衡量上市公司的股东力量差异，即大股东之间的力量对比关系。

一、股权集中度

现在用 H 指数（HerfindahlIndex，赫芬达尔指数）来衡量上市企业的股权集中程度。H 指数是前 N 大股东持股比例的平方和，该指数的可能取值在 0~1 之间。H 指数越大，说明股权越集中在大股东手中，反之则说明股权越分散，它反映的是大股东和小股东之间的股权关系。本节取 $H=1$、$H=3$、$H=5$、$H=10$，即前一、三、五、十大股东持股比例的平方和（H1、H3、H5、H10），并分别列出了 A 股和 H 股的各种 H 指标。

从 A 股市场来看，河南省 2018 年 79 家上市企业的 H 指数平均值分别为：$H1=0.1493$、$H3=0.1680$、$H5=0.1700$、$H10=0.1708$，说明第一、三、五、十大股东持股比例的平方和分别为 0.1493、0.1680、0.1700、0.1708。

其中,40家主板上市企业的H指数平均值分别为:H1 = 0.1951、H3 = 0.2175、H5 = 0.2187、H10 = 0.2192;26家中小企业板上市企业的H指数平均值分别为:H1 = 0.1051、H3 = 0.1194、H5 = 0.1216、H10 = 0.1237;13家创业板上市企业的H指数平均值分别为:H1 = 0.0968、H3 = 0.1129、H5 = 0.1156、H10 = 0.1163(见表3-4)。

表3-4 2018年年底A股河南省上市企业的H指数

		H1	H3	H5	H10
全部板块	平均值	0.1493	0.1680	0.1700	0.1709
	最大值	0.4724	0.4850	0.4851	0.4852
	最小值	0.0107	0.0145	0.0147	0.0148
	中位数	0.1104	0.1420	0.1421	0.1422
主板	平均值	0.1951	0.2175	0.2187	0.2192
	最大值	0.4724	0.4850	0.4851	0.4852
	最小值	0.0139	0.0145	0.0147	0.0148
	中位数	0.1708	0.1774	0.1775	0.1776
中小企业板	平均值	0.1051	0.1194	0.1216	0.1237
	最大值	0.4545	0.4662	0.4663	0.4663
	最小值	0.0108	0.0164	0.0172	0.0175
	中位数	0.065	0.0804	0.0843	0.0865
创业板	平均值	0.0968	0.1129	0.1156	0.1163
	最大值	0.2293	0.2368	0.2385	0.2388
	最小值	0.0216	0.0326	0.0407	0.0407
	中位数	0.0780	0.0838	0.0883	0.0883

以H5指数为例,A股市场上的主板企业H5指数平均值与2017年相比,从0.2261下降到0.2187,中小板企业从0.1274下降到0.1216,创业板从0.1224下降到0.1156,全部板块的H5指数平均值由0.1764下降到0.1700。可以看出,2018年河南省A股上市企业的股权集中度整体出现明显下降,各板块的趋势与去年相反,股权集中度依然是主板>中小企

业板＞创业板。

由于 H 股市场的河南上市企业几乎全部在主板上市，仅有一家在创业板上市，因此对于 H 股市场只做全部板块的分析（见表 3-5）。

表 3-5 2018 年年底 H 股河南省上市企业的 H 指数

		H1	H3	H5	H10
全部板块	平均值	0.1476	0.1605	0.1615	0.1620
	最大值	0.5625	0.5655	0.5655	0.5655
	最小值	0.0019	0.0019	0.0019	0.0019
	中位数	0.0762	0.1502	0.1530	0.1530

从图 3-1 可以看出，在港股市场上河南省上市公司的股权集中度高于 A 股市场，说明港股市场上市企业的股权结构明显劣于 A 股市场上市企业。

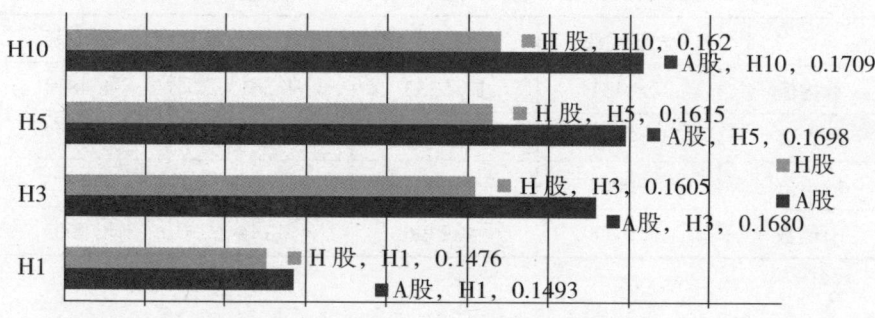

图 3-1 2018 年年底 A 股与 H 股市场河南省上市企业 H 指数平均值

股权集中度决定着公司治理的模式。具有较高股权集中度的公司更倾向于内部控制，有着较强的干预动机。河南省上市公司的股权集中度与前几年一直上升的趋势不同，2018 年略有回收，但依然高度的集中。在 A 股市场主板上市的大多是大型企业，其中大部分又为国有企业，占有较大份额的国有股和法人股不流通，从而导致股权呆滞。随着股份制改革的深入，上市企业的股权会逐渐被稀释。因此，河南省上市企业较高的股权集中度，是河南省股份制改革不够彻底的反映。

而对于在香港上市的企业来说，股权集中度相对较低，这是由于政策、市场等多方面的原因造成的。由于拥有更加放松自由的经济环境，H股市场的上市企业在上市前就充分利用了资本市场，吸引了足够多的外部资金，从而形成了较为分散的股权结构。

二、股东力量差距

本节用Z指数来衡量大股东之间的力量对比。Z指数是第一大股东持股比例与第二大股东持股比例之比，该指数的可能取值在1到无穷大之间，它反映的是大股东之间的力量对比关系。Z指数越大，说明第一大股东的力量相对于第二大股东越强。计算得出2018年年底A股市场河南省上市公司的Z指数（见表3-6）。

表3-6 2018年年底A股河南省上市企业的Z指数

	全部板块	主板	中小企业板	创业板
平均值	11.1151	17.5253	4.5615	4.4814
最大值	214.7857	214.7857	14.2049	12.3277
最小值	1.0004	1.0004	1.0571	1.1715
中位数	3.9188	4.2396	3.144	4.0003

从表3-6中可以看到，在A股市场上河南省上市企业的整体Z指数平均值为11.12，高于2017年的10.27，就各板块而言，主板的Z指数平均值最高，达到了17.53，其次是中小企业板，创业板最低。这与前面通过H指数分析的情况一致，反映了河南省创业板上市企业受第一大股东（通常为国资）的操纵相对较小，中小企业板次之，主板则受第一大股东的操纵相对最大。对于最值来说，各板块最小值几乎没有太大差别，但最大值差距非常明显，河南省主板上市企业的Z指数最大值达到了214.79，但中小企业板中最大值为24.20，创业板尤其低，仅

为 12.33，这从另一方面可以看出主板企业第一大股东拥有极大的权力，在 A 股市场上主板企业的第一大股东拥有绝对的控制力。

计算 H 股市场上河南省上市公司 Z 指数的数据（见表 3-7）。

表 3-7　2018 年年底 H 股河南省上市企业的 Z 指数

类　别	Z 指数
平均值	8.5819
最大值	86.1447
最小值	1.0000
中位数	1.8755

在现有的对企业股权集中度和股东相对力量与绩效关系的理论研究中，随着研究阶段、对象和方法的不同，得出的结论也不尽相同甚至截然相反。因此，在股权集中度和股东相对力量的问题上，本章仅分析和比较河南省上市企业在 A 股和 H 股市场上股权集中度的整体意义，而不将其纳入上市企业公司治理的评分体系内，以免影响评分结论的客观性。

第三节　河南省上市公司董事会结构

董事会是公司的经营决策核心，也是股东大会的常设机构。董事会治理是为保障董事会科学决策与监督、促成其高效运作而对董事会构成、权利、义务、运作所做的机制设计和制度安排。董事会是股东和经理层之间的纽带，担负着决定公司战略规划、寻找聘用经理层的重要职责，因此，在公司治理研究中，通常都把董事会治理视作公司治理的核心内容。本节从三个方面研究河南上市公司的董事会治理状况：一是董事会规模的合理性；二是董事会结构的合理性；三是独立董事占比情况。

一、董事会规模

董事会的规模常常被视为影响董事会效率的关键因素,但在董事会规模和绩效之间关联的各种理论观点却并不一致:既有小规模董事会公司运营效率高的观点,又有大规模董事会公司效率较高的观点。本节采用简化的方式来衡量董事会规模的合理性:公司规模越大,就需要人数越多的董事会来履行各方面的职责,反映各方面股东的利益,所以董事会的合理规模应当与公司规模相匹配。

我们采用2018年年底各上市企业的董事会人数反映董事会规模,用2017年营业收入的自然对数反映公司规模。① 按照上市板块,将河南省上市企业营业收入(自然对数)与董事会人数的相关系数反映在表3-8内。② 相关系数应当是一个正数,即随着营业收入上升,董事会人数也上升,相关系数越大,这说明董事会规模与公司规模越匹配,董事会规模越适当。

表3-8 2018年年底河南省上市企业董事会规模与营业收入相关系

	A 股				H 股
	主板	中小企业板	创业板	全部板块	
相关系数	0.0451	0.3126	0.5828	0.2740	0.0744

从表3-8中可以看到,A股市场主板上市企业的董事会规模和营业收入相关系数最低,仅为0.451,说明营业收入与董事会人数的相关度最低,也就是说河南省的主板上市企业的董事会规模不适当。创业板和中小企业板上市企业的董事会规模和营业收入相关度则高于全省整体

---

① 考虑到在现实生活中,上市企业营业收入的差异远大于董事会人数差异,所以对上市企业营业收入取自然对数,这样既反映了上市企业规模的差异,又能刻画董事会规模和公司规模之间的非线性关系。
② 限于相关系数计算原理,所有板块计算得到的相关系数,有非常大的可能会大于或小于每个板块分别计算的相关系数,这是正常现象。

水平，由此反映出在 A 股市场河南省创业板和中小企业板上市企业的董事会规模比较合理，根据公司规模设置更为灵活。其中创业板的董事会规模设置最好，中小企业板板次之，主板上市企业的董事会规模最不合理，需要改善。

同时，2018 年数据与 2017 年相比，中小企业板与创业板均出现明显的相关度降低，说明 2018 年董事会规模中中小企业版与创业板表现有所下滑。

董事会与公司规模匹配是公司治理中可以较为明确追求的目标，因此，本章将董事会规模指标纳入公司治理评分内。由于相关系数必须在一组样本中计算，单个企业无法计算相关系数，所以对河南省上市公司董事会规模合理性采用整体评分方法，以全省整体（含所有板块）水平为 80 分，然后采用替代方法给每个企业的董事会规模合理性打分：根据河南省整体董事会人数和企业营业收入（自然对数）的关系，计算出各企业在当前营业收入下，应有的董事会人数，若实际董事会人数等于应有董事会人数，则记该企业董事会规模合理性得分为 100 分，否则，每差 0.05 单位董事会人数标准差（或超过或不足），该项得分扣除 1 分。①

二、董事会结构

公司的治理情况与董事会成员的个人状况息息相关。比如学历与人的知识水平、业务能力等有很大的关联性，较高的学历可以使董事会的决策更加科学化、制度化，也会使董事会的运作更加有序。不过学历低也并不能代表公司的治理水平低，一些多年在企业工作的老员工进入董事会，有着丰富的经验，对业务和管理非常熟悉，也并不会影响企业的经营，因此也会涉及影响治理结构的另一个因素，即上任年数。一般来

---

① 以 1 分对应 0.05 单位标准差的理由是，假设各企业的董事会实际人数符合正态分布，则约有 5% 的企业董事会规模合理性评分将低于 60 分。

说，上任时间越久，对企业的了解越多，从而做各项决策时也能更加符合企业实际情况。此外，董事会的年龄结构与董事会的运作效率也是有关系的。一般董事会的年龄结构在40~60岁之间，传统行业的董事会同时拥有较多的青年人和老年人，资产规模较大的公司的董事年龄比资产规模小的董事年龄大。由于我国的上市公司大多是有国有企业改制而成，董事会的年龄变化趋势也逐渐由过去的资历较老的人员构成转变为干部年轻化的态势。许多上市公司处于高新技术领域，知识更新速度快，也促进了董事年龄年轻化的趋势。

根据河南省上市企业董事会人员的学历、年龄、上任年数分布，得到A股市场各个板块的综合情况（见表3-9）。

表3-9 2018年年底A股市场河南省上市企业的董事会组成

		董事会人数	董事会各学历人数				年龄	上任年数
			博士	硕士	本科	专科		
主板	平均值	8.14	1.57	4.17	2.46	0.60	51.44	3.55
	最大值	15	4	7	6	3	58.22	9.50
	最小值	5	0	0	0	0	45.20	0.87
	中位数	9	4	7	6	3	50.55	4.50
中小企业板	平均值	8.57	1.55	3.10	3.17	0.79	51.77	4.22
	最大值	11	6	9	7	4	59.85	9.14
	最小值	5	0	0	1	0	45.77	0.25
	中位数	8	1	3	4	1	51.38	4.40
创业板	平均值	8.38	1	2.57	0.64	3.38	50.97	3.38
	最大值	9	2	5	7	2	60.00	6.14
	最小值	5	0	0	0	0	47.83	1.33
	中位数	9	1	4	2	0.64	51.97	3.38
全部板块	平均值	8.25	1.43	3.58	2.57	0.68	51.65	3.77
	最大值	11	6	9	7	4	60.00	9.50
	最小值	5	0	0	0	0	45.20	0.25
	中位数	9	1	4	3	0	51.47	3.60

为了更加清晰地了解学历分布情况，我们将各个板块上市公司董事会成员的学历构成人数平均值与董事会总人数平均值相比，得到各学历占比数据，并将其做成饼状图，方便进行对比分析（见图3-2）。

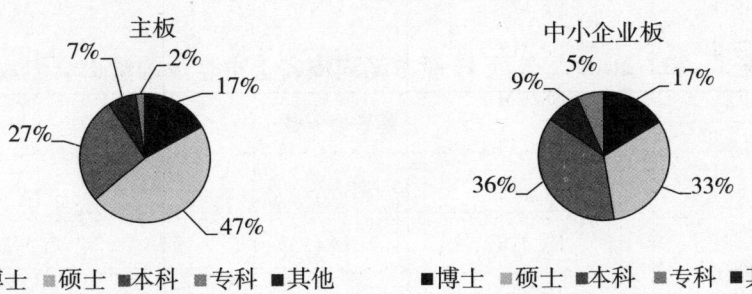

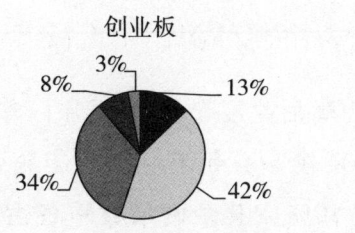

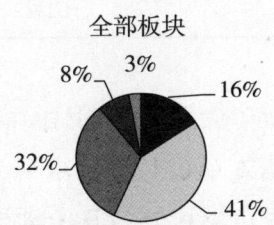

图3-2 2018年年底A股市场河南省上市企业各板块董事会成员学历分布

根据表3-9、图3-2分析可知，在A股市场河南省上市公司的董事会成员中，主板上市企业的博士和硕士占比最高，均高于整体平均水平。中小企业板的占比最低，博士人数占比低于全部板块，但本科和专科学历人数占比最高。从整体来看，硕士毕业的人数占比最高，其次是本科和博士学历，说明在河南省上市公司中董事会学历构成普遍较高，这也反映出了决策者需要拥有与知识水平和专业能力相匹配的学历水平。

从年龄构成来看，创业板董事会成员平均年龄最低，其次是主板企业，中小板企业略高于主板企业，但相差都不太大。上任年数与年龄分布基本相同，可以看出能够成为董事会的成员必须要具备足够的阅历和工作经验，无论在哪种类别的公司都是一样的。

由于港股市场的河南省上市公司无法获取到董事会学历信息，因此对港股市场的分析只涉及年龄和上任年数（见表3-10）。

表3-10 2018年年底H股市场河南省上市企业的董事会组成

		董事会人数	年龄	上任年数
H股全部板块	平均值	9.65	51.93	4.56
	最大值	14	77	13
	最小值	6	31	1
	中位数	9	52	3

在董事会结构项目上，对所有上市企业逐个给出评分，方法是：以河南省上市公司整体水平为基准，对学历、年龄、上任年数分别评分，A股市场评分为其中学历权重为40%，其余两项权重各占30%。若学历占比等于整体板块平均水平，则该项得分为80分，否则，每增加0.1单位该板块标准差，该项得分增加1分；每减少0.1单位标准差，得分减少1分，最高不超过100分。将博士、硕士、本科、专科学历占比分别按40%、30%、20%、10%计算得到董事会学历分布总得分。

由于董事会目前处于年轻化的趋势，因此，我们以河南省上市企业的整体平均年龄为基准，若企业董事会平均年龄等于整体水平，则该项得分为80分，否则，每增加1单位该板块标准差，该项得分减少1分；每减少1单位标准差，得分增加1分，最高不超过100分。同理计算上任年数部分的得分，因为理论上看上任年数越久对企业了解越多，从而能够做出更适合企业发展的决策，因此我们将以河南省上市企业的整体平均上任年数为基准，若企业董事会平均上任年数等于整体水平，则该项得分为80分，否则，每增加0.1单位该板块标准差，该项得分增加 1 分；每减少 0.1 单位标准差，得分减少 1 分，最高不超过 100 分。

综合计算董事会结构各个部分的得分，得到每家公司的董事会的评分，汇总在表 3-20 中。

三、独立董事占比

运行良好的董事会需要有适当的权力制衡结构，避免由特定的利益集团主导。本节以独立董事为观察对象，审视上市企业董事会结构的合理性。根据 2017 年底各上市企业董事会构成信息，计算出了各板块上市企业董事会中，独立董事人数所占比例（见表 3-11）。与之前几项指标相比，河南省上市企业独立董事占比的平均值差异明显。

表 3-11 2018 年年底 A 股河南省上市企业独立董事占比（%）

独立董事占比	主板	中小企业板	创业板	全部板块
平均值	37.64	36.45	37.02	37.14
最大值	50.00	60.00	44.44	60.00
最小值	33.33	33.00	33.33	33.33
中位数	33.33	33.33	33.33	33.33

总体来看，无论是主板、中小企业板还是创业板，A 股市场上河南省上市企业的独立董事的占比平均值都达到了 1/3 以上，河南省整体最大值甚至达到 60%，说明河南省的上市企业董事会中独立董事占有相当大的比重，董事会结构相对合理。

独立董事占比整体与 2017 年相比有明显上升，由 36.85% 上升到 37.14%，其中主板企业独立董事占比平均值由 37.59% 上升到了 37.64%，中小板企业企业独立董事占比平均值由 35.85% 上升到了 36.45%，创业板企业独立董事占比平均值由 36.49% 上升到了 37.02%（见表 3-12）。

表 3-12　2018 年年底 H 股河南省上市企业独立董事占比（%）

H 股独立董事占比	
平均值	37.12
最大值	50.00
最小值	28.57
中位数	33.33

在独立董事占比项目上，本章对所有上市企业逐个给出评分，方法是：若该上市企业独立董事占比等于所在板块整体水平，则该项得分为 80 分，否则，每增加 0.1 单位该板块标准差，该项得分增加 1 分；每减少 0.1 单位标准差，得分减少 1 分，最高不超过 100 分。[1] 河南省和各板块的董事会结构整体评分的计算基础是河南省各板块所有上市企业评分的平均数，但由于个体得分是基于正态分布假设计算的，所以根据大数定律，各企业对应的平均数也都会分布在 80 分附近，不能充分反映各企业差别，因此，将河南省所有企业评分的平均数与 80 分之差放大为 10 倍，并重新加到 80 分上，得到各板块的董事会结构评分，[2] 汇总在表 3-20 内。

第四节　河南省上市公司经理层治理

公司治理最重要的目的，是解决公司所有者与经营者分离而出现的

---

[1] 以 1 分对应 0.1 单位标准差的理由是，假设各企业的独立董事占比符合正态分布，则约有 5% 的企业独立董事占比评分将低于 60 分，约有 5% 的企业独立董事占比可以达到 100 分。

[2] 譬如，某板块所有企业平均得分为 79.5 分，则计算该平均分与 80 分之差为 -0.5 分，放大 10 倍得 -5 分，将其重新加到 80 分上，得到该板块的最终评分为 75 分。这个成绩能够比较明确地反映该板块和其他板块的差距，与其他不采用正态分布假设评分的指标也具有可比性。

委托—代理问题；对公司治理评价的最主要标准，也应该是公司治理是否有效地激励了经理层，让经理层的经营与公司、股东利益一致，本节从四个方面考察上市企业经理层治理的表现，一是对公司高管的激励是否得当；二是高管组成结构是否合理；三是公司经营是否合规；四是公司财务运作是否合规。

一、高管激励

本节考察高管激励效果的思路是：当公司经营绩效改善时，高管的收入应该增加，反之则应减少。为此，我们收集了 2016—2018 年所有上市企业的每股基本收益和高管薪酬总和，计算出 2017 年和 2018 年所有上市企业的每股基本收益增长率和高管薪酬增长率，然后用两个增长率指标的相关程度来衡量高管激励效果，将河南省各板块的相关度结果汇总在表 3-13 内。

表 3-13　2017—2018 年河南省上市企业高管薪酬增长率
与每股基本收益增长率相关系数

年份	主板	中小企业板	创业板	全部板块
2017	-0.2991	0.0716	0.1162	-0.0037
2018	0.1476	0.3140	-0.9227	0.0974
平均	-0.0754	0.1929	-0.4030	0.0468

从表 3-13 中可以明显看到，河南省上市企业高管薪酬增长率和每股基本收益增长率的相关系数为正，也就是说河南省上市公司的经理层在薪酬方面受到合理的激励。主板板的相关性增长比较明显，由 2017 年的负相关改善到正向相关，说明 2017—2018 年主板的上市企业的高管激励出现了明显的改善。对于中小企业板和创业板的上市企业来说，相关系数一个上升一个下降，创业板的高管薪酬增长率与每股基本收益增长率由正相关下降到负相关。就河南省整体而言，2018 年上市企业的高管薪酬增长率和每股基本收益增长率之间呈正相关，说明整体高管

激励还是比较成功的。

单独计算港股市场上河南省上市公司 2018 年高管薪酬增长率和每股基本收益增长率之间的相关系数,系数值为 0.4156,对比发现相关性明显强于 A 股市场,说明在 H 股市场上高管激励是比较成功的,应当借鉴一些经验。

由于相关系数必须在一组样本中计算,单个企业无法计算相关系数,所以本章对河南省和各板块高管激励效果采用整体评分方法:以河南省整体(含所有三个板块)水平为 80 分,然后采用替代方法给每个企业的高管激励效果打分:若企业薪酬增长率等于每股基本收益增长率,则记该企业高管薪酬得分为 100 分;否则,薪酬增长率与每股基本收益增长率每差 0.05 单位薪酬增长率标准差(或超过或不足),该项得分扣除 1 分,① 得到各企业的高管激励评分,汇总到表 3-20 中(见 118 页)。

二、高管结构

现代高管人员的组成结构对于公司治理有着重要的实践启示,合理的高管组成结构能够不断地提高企业的绩效,使企业的运行更加高效。由于董事会和企业高管分别具有不同的职能分工,因此对于高管团队的构建不能完全模仿董事会结构的分析方法,但仍旧通过年龄、上任年数和学历三个方面进行评价。

高管团队成员的年龄应该高效合理,以年长的高管为主的团队可以为企业提供丰富的管理经验,也有利于企业制定合理的管理制度。但与董事会结构不同的是,高管的平均任期并不是越长越好,新成员的加入从而提高任期异质性可以为企业提供新鲜思想,使企业具有发展的活力。最后,对于学历的分析我们仍然认为高学历的管理人员能够更加科

---

① 以 1 分对应 0.05 单位标准差的理由是,假设各企业的高管薪酬增长率符合正态分布,则约有 5% 的企业高管激励合理性评分将低于 60 分。

学有效的管理企业,对公司治理起着积极的作用(见表3-14)。

表3-14　2018年年底A股市场河南省上市企业高管组成

类别		高管人数	高管各学历人数				高管年龄	上任年数
			博士	硕士	本科	专科		
主板	平均值	7.3	0.3	2.68	2.65	0.35	47.80	2.88
	最大值	12	4	8	8	3	62	16
	最小值	3	0	0	0	0	29	0.71
	中位数	7	0	2	3	0	48	2
中小企业板	平均值	7.26	0.27	1.64	3.03	1.17	47.55	4.68
	最大值	13	2	8	8	6	69	18
	最小值	4	0	0	0	0	27	0
	中位数	6	0	1	3	1	48.00	3
创业板	平均值	7.57	0.15	2.78	4.07	1.08	46.44	3.90
	最大值	13	1	7	6	3	64.00	11
	最小值	4	0	0	1	0	31	0
	中位数	8	0	2	4	1	48	3
全部板块	平均值	7.35	0.24	2.47	3.41	0.88	47.75	3.78
	最大值	13	4	8	8	6	69	18
	最小值	3	0	0	0	0	27	0
	中位数	7	0	2	3	0	48	3

通过上表计算各学历人数与高管总人数的比例,可以得知,主板上市企业的博士和硕士占比最高,且均高于全省平均水平,创业板的本科学历占比最高,中小板企业的专科占比最高。从年龄分布来看,主板企业的平均年龄高于全省平均值,创业板企业则是远低于整体水平。高管上任年数中,中小企业板平均值最高,达到了4.68年,说明中小企业板的上市企业在经理治理方面的更新比较慢(见表3-15)。

表 3-15 2018 年年底 H 股市场河南省上市企业的高管组成

类　别	高管人数	年龄	上任年数
平均值	8.74	51.03	4.30
最大值	15	63	12
最小值	4	39	0
中位数	9	50	3

在高管结构项目上，对所有上市企业逐个给出评分，方法是：以河南省上市公司整体水平为基准，对学历、年龄、上任年数分别评分，其中学历权重为 40%，其余两项权重各占 30%。若学历占比等于整体板块平均水平，则该项得分为 80 分，否则，每增加 0.1 单位该板块标准差，该项得分增加 1 分；每减少 0.1 单位标准差，得分减少 1 分，最高不超过 100 分。将博士、硕士、本科、专科学历占比分别按 40%、30%、20%、10% 计算出董事会学历分布总得分。

由于高管结构对于公司治理方面的影响中，年龄越大视为经验越丰富，对制度安排更加熟练，因此，我们以河南省上市企业的整体平均年龄为基准，若企业董事会平均年龄等于整体水平，则该项得分为 80 分，否则，每减少 1 单位该板块标准差，该项得分减少 1 分；每增加 1 单位标准差，得分增加 1 分，最高不超过 100 分。同理计算上任年数部分的得分，因为理论上新成员的加入从而提高任期异质性可以为企业提供新鲜思想，使企业具有发展的活力，因此我们将以河南省上市企业的整体平均上任年数为基准，若企业董事会平均上任年数等于整体水平，则该项得分为 80 分，否则，每减少 0.1 单位该板块标准差，该项得分增加 1 分；每增加 0.1 单位标准差，得分减少 1 分，最高不超过 100 分。

综合计算高管组成结构各个部分的得分，得到每家公司高管结构的评分，汇总在表 3-20 中。

三、经营合规

在经营合规合法情况下，上市企业不会因违规遇到各类公开谴责、公开批评甚至公开处罚，不论是公开谴责、公开批评还是公开处罚都意味着经理层经营的失当。①本节用河南省上市企业因违规受到的处罚次数，来反映经理层经营合规情况。从万得（Wind）金融数据库中获得2018年年底所有上市企业受到的处罚记录，将其按板块整理计次。考虑到河南省各板块上市企业基数不同，遭受处罚的次数自然会有差异，所以将处罚数与表3-2和3-3中所示的2018年河南省各板块上市企业数量相除，得到河南省各板块上市企业2018年的累计处罚次数（见表3-16）。

表3-16　2018年年底A股市场河南省上市企业累计处罚次数

违规受罚	违规次数	企业数量	比例
主板	8	40	0.2000
中小企业板	12	26	0.4615
创业板	2	13	0.1538
全部板块	22	79	0.3291

从表3-16中可以明显看到，就河南省A股上市的企业而言，2018年创业板的上市企业累计受罚次数低于主板和中小企业板上市企业。从比例来看，主板上市企业的违规比例为0.2，与2017年相比大幅下降，远低于中小企业板的上市企业，且低于河南省整体违规处罚比例。其中河南省全部板块上市企业中的22次处罚有超过一半发生在中小板企业中，由此也说明，河南省主板和创业板的上市企业经营合规情况良好，中小企业板的经营合规情况有待加强。港股市场无法查询到相应的违规处罚，因此该部分不对港股市场进行分析。

在合规经营项目上，本章对所有上市企业逐个给出评分，方法是：若该上市企业在2018年内无任何处罚事件，则该项得100分，否则，

---

① 部分处罚与关联交易有关，也可以归属到股东利益治理问题上去；本章考虑到被公开处罚的关联交易性质较为恶劣，反映了经理层（可能受大股东操控）的失职，所以将其纳入经理层治理。

每发生一起处罚事件，该项扣 10 分，最低 0 分。河南省和各板块的整体评分，是该板块所有上市企业评分的平均数，汇总在表 3-20 中。

四、财务合规

财务运作是否规范，是另一个检验上市企业经理层责任的重要视角。在对大量上市企业做量化比较时，采用公开的财务报表审计意见来反映公司财务合规情况，是效率较高的方法。本节以 2018 年各上市企业财务审计报告中的审计意见为指标，评价各企业的财务合规情况。

值得高兴的是，2018 年 A 股市场中河南省上市企业的审计报告都出具了无保留意见，说明河南省上市企业的财务合规表现较好。此外港股市场上市企业审计报告均为标准无保留意见，在此不再详细列出审计意见分布。

在财务合规项目上，本章对所有上市企业逐个给出评分，方法是：若该上市企业2018年财务报表审计被出具无保留意见，则该项目为100分；否则，"无保留意见带解释性说明"得75分，"保留意见"或"保留带解释性说明"得50分，"拒绝/无法表示意见"得0分。[①] 河南省和各板块的财务合规整体评分，是该板块所有上市企业评分的平均数，汇总在表 3-20 中。

第五节 河南省上市公司中小股东利益治理

如何保护中小股东的利益，是公司治理研究中经久不衰的话题。本节从股利发放、关联交易和信息披露质量三个方面，评价和对比河南省上市企业对中小股东利益的保护情况。

---

① 2018 年没有一家上市企业被出具否定意见，故不设对应分值。

一、股利发放

股利是上市公司为投资者提供相对稳定、可能够预期的现金回报。发放股利能够让平时无法直接影响公司经营政策的中小股东分享到公司发展的成果。本节将2018年各上市企业的股利发放率，将按板块分类后汇总（见表3-17）。

表3-17　2018年河南省上市企业股利发放率（%）

股利分配率	主板	中小企业板	创业板	全部板块
平均值	3.280	0.406	11.590	3.071

从表3-17中可以看到，河南省2018年上市企业股利分配率平均值为3.071%，主板上市企业股利分配率平均值为3.28%，低于全省平均水平，创业板上市企业股利分配率平均值为11.59%，相对最高，中小企业板上市企业最低，为1.76%。与2017年相比，全部板块股利分配率的平均值小幅降低，其中中小板企业下降的最为明显。总体而言，2018年河南省上市企业股利分配比较不均衡，还需要进一步改善。

在股利发放项目上，本章对所有上市企业逐个给出评分，方法是：若该上市企业股利发放率等于所在板块全省整体水平，则该项得分为80分；否则，每增加0.1单位标准差，该项得分增加1分，每减少0.1单位标准差，得分减少1分，得分最高不超过100分。① 河南省各板块股利发放评分的计算基础，是河南省所有上市企业评分的平均数，但由于个体得分是基于正态分布假设计算的，所以根据大数定律，各板块对应的平均数也都会分布在80分附近，不能充分反映各板块差别，因此，将各板块所有企业评分的平均数与80分之差放

---

① 以1分对应0.1单位标准差的理由是，假设各企业的股利发放率符合正态分布，则约有5%的企业评分将低于60分，还有5%的企业评分可以达到100分。

大为 10 倍,并重新加到 80 分上,得到各板块的股利发放评分,汇总在表 3-20 中。

二、关联交易

公司的关联交易一般是指具有投资关系或合同关系的不同主体之间所进行的交易。正常的关联交易,可以扩展公司的经营范围和财务来源,有利于公司的发展。但是,实务中常有控制公司利用与从属公司的关联关系和控制地位,迫使从属公司与自己或其他关联方从事交易,损害从属公司和少数股东利益的现象。近年来,我国上市企业关联交易的披露逐渐完善,对关联交易进行统计评价的条件相对成熟,故本节尝试对上市企业关联交易进行简单评价。

本节用上市企业发生的关联交易次数来简单表示关联交易开展情况。[①] 从万得(Wind)金融数据库中获得 2018 年河南省所有上市企业发生的关联交易记录,将其按板块整理计次。考虑到各板块上市企业数量不同,发生关联交易的总次数自然有差异,所以将关联交易计次与 2018 年河南省各板块上市企业数量相除,得到河南省各板块上市企业 2018 年的关联交易发生次数(见表 3-18)。

表 3-18 2018 年河南省上市企业关联交易发生次数

关联交易	次数	企业数量	比例
主　板	76	40	1.90
中小企业板	87	26	3.35
创业板	39	13	3.00
全　部	202	79	2.56

从表 3-18 中可以看到,总体来说 2018 年河南省上市企业关联交

[①] 数据库中还提供了关联交易涉及的金额,但不同性质的关联交易(譬如担保和直接贸易)金额难以直接比较,所以在此统一用交易次数来反映关联交易情况。

易发生率不高,平均有2.56次,从各板块来看,中小企业板上市企业的关联交易发生率较高,有3.35次,与上年相比有所上升。主板上市企业关联交易发生率最低,平均次数只有1.92次。与2017年相比,主板上市企业的关联交易发生率减少到1.90次,创业板上市企业则增加到3.00次,出现明显增加,中小企业板的关联交易也有小幅上升,由此说明2018年河南省上市企业关联交易发生率并未得到有效控制。综上所述,河南省的上市企业无论是从整体来看还是分板块来看,虽然2018年关联交易发生率并没有很高,但出现小幅的增加,仍需继续加强控制。港股市场中河南省上市企业的关联交易未查询到,该部分不予分析。

在关联交易项目上,本章对所有上市企业逐个给出评分,方法是:若该上市企业在2018年内无任何关联交易发生,则该项得分100分,否则,每发生一起关联交易,该项得分扣5分,最低为0分。河南省各板块的整体得分,是所有上市企业评分的平均数(见表3-20)。

三、审计事务所质量

公司治理的核心"委托—代理"问题是信息不对称的表现,增强信息披露,是改善公司治理结构,维护中小股东权益的重要手段。由于数据搜集和标准化的困难,信息披露的大规模量化研究较为少见,本节尝试用聘请会计师事务所质量来衡量上市企业的信息披露治理。

现今市场上的会计师事务所数量众多,且上市企业可以自行选择聘请其中的任何一家完成审计工作,但这些会计师事务所的实力、经验、公信力仍有所差异,审计费用也有高低。如果上市企业聘请规模较大、口碑较好的会计师事务所,则其财务信息披露的可靠性就会相对更有保证。

我们从万得(Wind)金融研究数据库中获得了各上市公司2018年聘请审计财务报告的会计师事务所名单,由于撰写报告时中国注册会计师协会网站的2018会计师事务所综合排名还未公布,因此使用2018年

5月公布的2017年会计师事务所综合排名,[①] 将两者一一对应,从而得到河南省全部上市企业聘请会计师事务所的平均排名情况,按其所属板块进行分类,将其汇总归纳在表3-19内。

表3-19 2018年河南省上市企业聘请会计师事务所排名

	主板	中小企业板	创业板	全部板块
平均值	10.48	12.92	8.26	10.91
最大值	33	27	27	33
最小值	1	3	3	1
中位数	8	10.5	6	8

从表3-19中可以看到,河南省上市企业整体聘请会计师事务所的最高排名为第1名,最低为第33名,平均排名为10.91名,说明河南省上市企业聘请的会计师事务所的实力比较高。就各板块而言,中小企业板企业聘请会计师事务所的平均排名为12.92名,低于河南省整体排名;其次是主板企业和创业板企业,平均排名分别为为10.48名和8.26名,均高于主板平均排名。与上年相比,就河南省整体而言,排名呈上升趋势。

河南省各板块间会计师事务所的排名差距可能与上市企业的规模和审计需要有关,创业板、中小企业板与主板相比较的排名差距也从侧面反映出了河南省创业板企业更愿意为财务报告审计付出较多成本。如果上市企业聘请规模较大、口碑较好的会计师事务所,则其财务信息披露的可靠性就会相对而言更有保证,因此那些选择排名较为靠后的会计师事务所的企业,可以适当增加信息披露方面的成本投入,选择去聘请质量较高的会计师事务所进行审计报告,提高信息披露公信力。

在会计师事务所项目上,本章对所有上市企业逐个给出评分,方法

---

① 参见中国会计师协会网站,《2018年度会计师事务所综合评价排名》,http://www.cicpa.org.cn/news/201405/W020140519551596871443.pdf。

是：若该上市企业聘请事务所排名达到全省平均水平（11.64 名），则得 80 分，否则，每提高或下降 1 名，增加或减少 2 分，最高不超过 100 分。河南省和各板块的整体评分，是该分属板块所有上市企业评分的平均数（见表 3-20）。

第六节　河南省上市公司治理评分简析

本章从河南省主体、企业个体两个角度给出上市企业的公司治理评分，并对此做一些简单的分析。需要再次强调的是，公司治理评分仅仅是对前文所述上市企业公司治理各方面表现的数字化概括，受评分方法、权重设置等因素影响较大，适合作为横向、纵向综合比较的简化参考，但不能代替元数据分析。

一、河南省公司治理整体评分

本节从四个方面，使用了 12 个分目标来研究公司治理，其中有 10 个分目标适合纳入公司治理评分。本节对董事会规模、董事会结构、独立董事占比、高管结构、经营合规、财务合规、会计师事务所质量这 7 个分目标，分别给予 8% 的权重，而最能集中反映委托—代理问题解决情况的高管激励、股利分配和关联交易分目标，分别给予 20%、12% 和 12% 的权重。

将河南省和各板块的分目标评分归纳在表 3-20 内，并根据权重计算出河南省和各板块的公司治理整体评分，将结果在图 3-3 和图 3-4 中展现出来，从表格中可以看出，河南省上市企业整体在经营合规和财务合规方面表现较好，但在董事会规模和高管激励方面仍然有待加强；主板企业评分在几乎在各个方面都略低于整体评分，但与整体趋势一样，董事会规模和高管激励方面需要注意；中小企业板和创业板企业表现较好,平均总得分高于整体得分,其中创业板评分最高;从各部分来看,中小企业板在高管激励和高管结构方面分数较低,创业板企业则是在董事会结构方面有待加强。

表3-20 2018年河南省和各板块上市公司治理评分

河南省	主板	中小企业板	创业板	全部
董事会规模(8%)	75.94	77.15	80.90	77.54
董事会结构(8%)	80.10	79.98	79.70	80.00
独立董事占比(8%)	80.46	79.26	79.84	79.96
高管激励(20%)	74.55	68.77	73.84	70.87
高管结构(8%)	79.68	79.47	79.20	79.52
经营合规(8%)	95.25	98.07	98.46	96.70
财务合规(8%)	100.00	100.00	100.00	100.00
股利分配(12%)	79.97	80.35	80.20	80.15
关联交易(12%)	87.75	88.26	87.69	87.91
会计师事务所质量(8%)	82.43	79.98	84.68	82.00
总 分	81.50	82.44	84.39	82.28

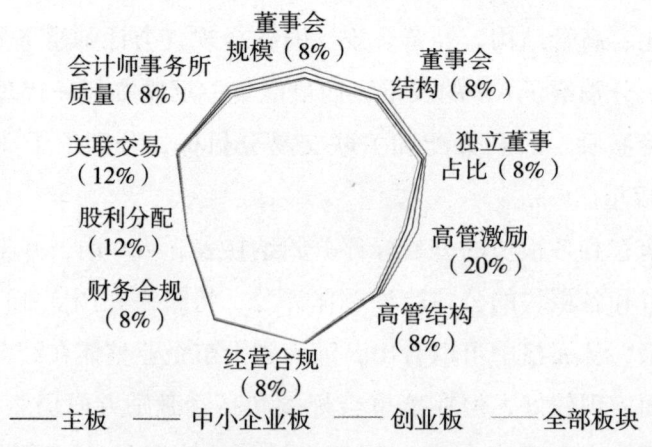

图3-3 2018年河南省和各板块上市公司治理分目标评分

第三章 河南省上市公司治理评价分析

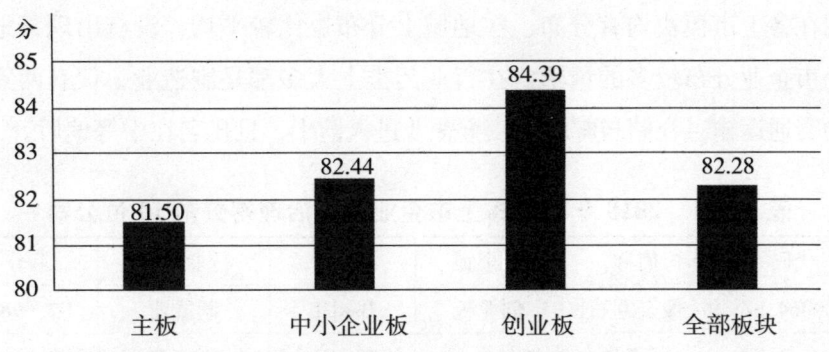

图 3-4　2018 年河南省上市企业公司治理整体评分

二、河南省公司治理个体评分和领先企业

按照之前所述的评分方法，上市企业已获得了 10 个分目标的个体评分，将 10 个分目标评分按照河南省整体评分的权重加权，可以得到本章研究的全部 79 家河南省上市企业的公司治理评分。通过对数据进行整理和分析，可以发现河南省大多数企业得分均在 80~90 分段，其中 70 分以下和 90 分以上分段的企业数最少。79 家企业评分汇总到表 3-23 中（附在本章最后）。2018 年河南省上市企业公司治理得分分布，如图 3-5 所示。

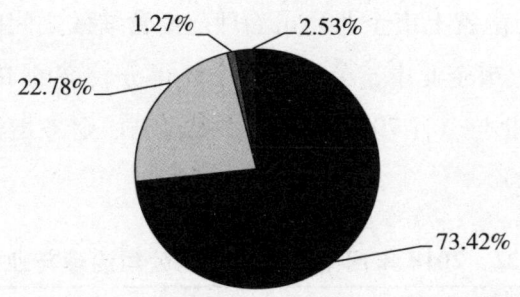

图 3-5　2018 年河南省上市企业公司治理得分分布

河南省公司治理得分前 10 位的公司如表 3-21 所示，公司治理领先的

公司在各上市板块均有分布，在地域上分布也比较平均，没有出现某地区的上市企业分布较多的情形。在行业门类上大多都是制造业，仅有两家所属的交通运输、仓储与邮政业、金融业进入前十，且排名在中等偏后。

表 3-21　2018 年河南省上市企业公司治理得分前 10 位公司

代码	简称	上市板	城市	行业门类	总分
300064.SZ	豫金刚石	创业板	郑州市	制造业	92.6988
002582.SZ	好想你	中小企业板	新郑市	制造业	90.3622
600531.SH	豫光金铅	主板	济源市	制造业	89.2799
300481.SZ	濮阳惠成	创业板	商丘市	制造业	89.0519
600020.SH	中原高速	主板	郑州市	交通运输、仓储和邮政业	88.9842
300109.SZ	新开源	创业板	焦作市	制造业	88.7403
002423.SZ	中原特钢	中小企业板	济源市	金融业	88.0371
600312.SH	平高电气	主板	平顶山市	制造业	87.1176
000933.SZ	神火股份	主板	永城市	制造业	86.6015
000895.SZ	双汇发展	主板	漯河市	制造业	86.4463

三、河南省上市企业公司治理与业绩对照

为了考察河南省上市企业公司治理与经营绩效之间的关系，本节将 2017 年河南省上市企业中，公司治理个体得分较高的 10 家企业和得分较低的 10 家企业与全省 79 家企业的主要经营、财务指标平均数进行对比（见表 3-22）。

表 3-22　2018 年河南省上市企业公司治理与业绩对照

	净资产收益率（ROE,%）	总资产净利率（ROA,%）	流动比率（%）	资产负债率（%）
前 10 家企业	5.32	9.41	1.41	45.39
后 10 家企业	0.53	-0.359	1.16	58.77
全部企业	3.54	5.21	2.05	47.79

可以看出，公司治理排名靠前的河南省上市企业，无论是反映盈利能力的净资产收益率、资产净利率，还是反映短期、长期偿债能力的流动比率、资产负债率，都领先于全省平均水平，而公司治理排名靠后的企业则落后于全省平均水平。在河南省范围内，公司治理水平较高的企业，其业绩也相对较好。[①]

本章小结

根据对上市企业公司治理元数据的分析对比，并参考公司治理评分，本章对河南省上市企业的公司治理得出以下几点结论：

第一，对于股权集中度来说，河南省主板上市企业相对其他板块而言较高，在一定程度上反映出河南省股份制改革还不够彻底的现状，特别是对于国有企业来说，股份制改革深化不够。而中小企业方面，由于在发展初期股权较为集中，随着后续扩张需要逐轮增资，会带来股权的稀释。因此，河南省中小企业板处于中游的股权集中程度，意味着河南省中小企业的发展水平一般，处于发展的关键阶段，对资本市场还没有充分利用。河南省创业板上市企业股权集中度相对较低，是由于其上市前就充分利用了资本市场，吸引了足够多的外部资金，从而形成了较为分散的股权结构。与港股市场对比，股权集中度相对较高，这是由于政策和市场等多方面的因素共同导致的，因此想要降低股权集中度，就必须提供更加宽松自由的经济环境。

第二，在股东力量差距方面，河南省整体 z 指数为 11.11，即第一大股东是第二大股东的 11.11 倍，说明河南省市企业的第一大股东有着

[①] 本章主要关注的是河南省上市企业的公司治理，并没有专门研究公司治理与公司业绩之间的影响机制，所以这一发现只适合作为参考，严格的论断需要进一步的研究才能得到。

较强的控制力，其中主板企业的 z 指数达到了 17.52，但与 2017 年相比仍然呈上升趋势。港股市场的 z 指数平均值为 8.58，可以明显看出低于 A 股市场，也就是说在港股市场上股东力量差距较小，第一大股东的控制力相对较低。

第三，河南省主板上市企业董事会规模较不合理，与营业收入的相关系数较小，低于整体水平；中小企业板的董事会规模虽然与主办企业相比较为合理，相对灵活，亟待加强；创业板的相关性最高。在董事会结构方面，各板块间的董事会结构组成差距不是非常明显，但相对而言主板的上市企业结构更加合理。

第四，河南省的上市企业董事会中独立董事占比较高，板块之间相差不大，其中主板上市企业独立董事占比最高，董事会结构相对合理，中小企业板的上市企业独立董事占比最低，创业板与 2017 年相比有所上升。

第五，在高管激励方面，高管薪酬增长率和每股基本收益增长率呈正相关，反映出河南省上市企业对经理层的业绩激励效果非常显著，整体呈上升趋势，其中创业板企业的负相关性最强，2017—2018 年中小企业板企业的高管激励出现了明显的改善，整体也呈上升状态，总的来说高管激励还是比较成功的；对比港股市场，高管薪酬增长率与每股基本收益增长率的相关性明显强于 A 股市场，高管激励相对成功。

第六，高管组成结构中，基本分布与董事会组成结构大致是一致的。主板企业的学历构成更加优化，中小企业板略弱，而从年龄和上任年数方面来看，依然是主板企业比较领先。

在经营合规情况中，中小企业板上市企业违规比例最高，高于全省平均水平，与上年相比有所下降，创业板的比例最低，经营合规情况良好。

财务合规方面，河南省上市企业整体表现较好，审计报告中均为无保留意见。

第七，河南省创业板上市企业的股利发放率平均值高于全省平均水平，但中小企业板上市企业均低于整体水平，板块之间股利分布较不均衡，有很大的提升空间；与此同时，河南省整体的关联交易出现了小幅度上升，在河南省整体202次关联交易中，仅中小企业板企业就占了87次，河南省各板块上市企业尤其是中小企业板上市企业的关联交易纪律性表现不够理想。

第八，河南省各板块上市企业聘请的会计师事务所排名平均值均在8~13名之间，其中创业板市场略低于主板和中小企业板市场，即信息披露的成本较低，应提高信息披露公信力。

第九，河南省上市企业的公司治理评分基本都是合格的，根据前10名和后10名企业的业绩对比，发现河南省及各板块的上市企业公司治理水平与经营业绩存在一定的正向关系，排名靠前的企业有着比较好的业绩指标。

基于上述发现，提出以下六条改善河南省上市企业公司治理的政策建议：

第一，股权集中会导致公司治理结构效果难以发挥，为了改善现有状况，可以对产权结构进行调整，通过采取减持国家股、增加法人股等措施，增加经营者的股权从而提高经营者的积极性。河南上市企业积极吸引外部资金，稀释股权，降低第一大股东的持股比例，改为增加第2~5大股东的持股比例，改善股权结构。

第二，适当扩大董事会规模，改善董事会规模和结构，提高董事会决策和监督的能力，另外独立董事占比应多于执行董事，并积极引进人才，独立董事专业人才非常稀缺，现状亟待改善。根据上市公司营业收入规模进行适当调整，对董事会结构进行合理安排，加强治理水平。

第三，在不影响企业长远发展的前提下，适当提高股利发放比例，加大股权激励，并促进管理层持股比例增加，使股权激励产生效果，从而改善投资关系。

第四，管理层激励对公司发展有着积极的作用，因此合理安排高管薪酬，提高上市公司管理层按经营业绩支付的可变报酬，加强高管薪酬对公司管理人员的激励水平,可以激发管理层工作的积极性,有利于公司的发展。

第五,聘请质量较高的会计师事务所进行审计,适当增加信息披露方面的成本投入,提高信息披露的公信力。

第六,改善上市公司治理的市场环境,建设健康活跃的资本市场,加快经理人市场的建设,对中介机构加强监督,制定严格的标准,为河南省上市公司治理建立一个完整的机制和体系。

附:2018年河南省79家上市企业公司治理结构得分(见附表1)。

附表1　2018年河南省79家上市企业公司治理结构得分(从高至低)

证券代码	证券简称	板块	总分
300064.SZ	豫金刚石	创业板	92.6988
002582.SZ	好想你	中小企业板	90.3622
600531.SH	豫光金铅	主板	89.2799
300481.SZ	濮阳惠成	创业板	89.0519
600020.SH	中原高速	主板	88.9842
300109.SZ	新开源	创业板	88.7403
002423.SZ	中原特钢	中小企业板	88.0371
600312.SH	平高电气	主板	87.1176
000933.SZ	神火股份	主板	86.6015
000895.SZ	双汇发展	主板	86.4463
300007.SZ	汉威科技	创业板	86.3623
002296.SZ	辉煌科技	中小企业板	85.7977
600069.SH	银鸽投资	主板	85.7677
601375.SH	中原证券	主板	85.3107
300259.SZ	新天科技	创业板	84.9725
600285.SH	羚锐制药	主板	84.9222
002535.SZ	林州重机	中小企业板	84.9213
002216.SZ	三全食品	中小企业板	84.9205
000949.SZ	新乡化纤	主板	84.4656
002179.SZ	中航光电	中小企业板	83.9946
000544.SZ	中原环保	主板	83.8486

续表

证券代码	证券简称	板块	总分
000400.SZ	许继电气	主板	83.6655
300701.SZ	森霸传感	创业板	83.6076
002714.SZ	牧原股份	中小企业板	83.4769
002087.SZ	新野纺织	中小企业板	83.3462
002770.SZ	科迪乳业	中小企业板	83.3321
600569.SH	安阳钢铁	主板	83.2741
600121.SH	郑州煤电	主板	83.1463
300179.SZ	四方达	创业板	83.0911
000676.SZ	智度股份	主板	83.0642
002857.SZ	三晖电气	中小企业板	82.5282
300480.SZ	光力科技	创业板	82.2262
600066.SH	宇通客车	主板	82.1230
600439.SH	瑞贝卡	主板	82.0606
002407.SZ	多氟多	中小企业板	82.0544
600753.SH	东方银星	主板	81.9983
002189.SZ	利达光电	中小企业板	81.9879
603508.SH	思维列控	主板	81.8734
001896.SZ	豫能控股	主板	81.8390
300732.SZ	设研院	创业板	81.7015
603566.SH	普莱柯	主板	81.5569
600403.SH	大有能源	主板	81.5542
002560.SZ	通达股份	中小企业板	81.5499
002046.SZ	轴研科技	中小企业板	81.4755
002007.SZ	华兰生物	中小企业板	81.4728
600781.SH	辅仁药业	主板	81.2381
000885.SZ	城发环境	主板	81.1919
601666.SH	平煤股份	主板	81.0498
600207.SH	安彩高科	主板	80.9615
002358.SZ	森源电气	中小企业板	80.8572
600172.SH	黄河旋风	主板	80.8553
002448.SZ	中原内配	中小企业板	80.7756

续表

证券代码	证券简称	板块	总分
600186.SH	莲花健康	主板	80.7228
000612.SZ	焦作万方	主板	80.7015
002613.SZ	北玻股份	中小企业板	80.6663
601608.SH	中信重工	主板	80.5435
601717.SH	郑煤机	主板	80.3885
601677.SH	明泰铝业	主板	80.2498
300248.SZ	新开普	创业板	80.1993
000719.SZ	中原传媒	主板	80.0728
002477.SZ	雏鹰农牧	中小企业板	79.9249
002406.SZ	远东传动	中小企业板	79.9120
600810.SH	神马股份	主板	79.8917
300437.SZ	清水源	创业板	79.3756
600222.SH	太龙药业	主板	79.3429
002536.SZ	西泵股份	中小企业板	79.0756
603993.SH	洛阳钼业	主板	79.0423
600876.SH	洛阳玻璃	主板	78.8395
603658.SH	安图生物	主板	78.8092
002321.SZ	华英农业	中小企业板	78.4846
300263.SZ	隆华科技	创业板	78.0773
600469.SH	风神股份	主板	77.6029
002132.SZ	恒星科技	中小企业板	77.5099
300080.SZ	易成新能	创业板	77.0224
002225.SZ	濮耐股份	中小企业板	76.2995
600595.SH	中孚实业	主板	76.1482
601038.SH	一拖股份	主板	74.8301
002601.SZ	龙蟒佰利	中小企业板	73.7477
002936.SZ	郑州银行	中小企业板	67.2323

第四章 河南省新三板挂牌企业分析

多层次资本市场的核心是满足不同企业的投融资需求。不同的投资者与融资者有不同的规模大小与主体特征,存在着对资本市场金融服务的不同需求。投资者与融资者对金融服务的多样化需求决定了资本市场应该是一个多层次的市场体系。从2016年以来,为进一步推动资本市场改革,促进资本市场的健康发展,中央政府不断提出要加大资本市场的直接融资力度,最明显的表现是新股的发行,无论是主板、中小板、创业板、科创版还是新三板,越来越多的企业登录交易所。

新三板市场作为中国多层次资本市场建设的关键一环,是中小企业登陆资本市场最好的入口,在中国经济转型的大背景下,新三板肩负着激活企业创新的使命,它是中国顶住经济下行压力,转换发展动力的重要引擎之一,也是加大资本市场直接融资力度的场所。

第一节 国内新三板发展现状

2006年1月,证券业协会发布了《证券公司代办股份转让系统中关村科技园区非上市股份有限公司股份报价转让试点办法》以及相关配套文件,明确将中关村科技园区内具备规定资质的公司纳入代办股份转让系统,标志着"新三板"市场的成立。2012年8月6日,为进一步建设场外市场,满足中小科技企业上市需求,国家进一步扩大"新三板"市场试点范围,将武汉东湖高新技术开发区、上海张江高新技术开发区和天津滨海高新技术开发区纳入试点范围，自此"新三板"市场走向快速发展的道路。2013年1月16日，全国中小企业股份转让系统在京举行揭牌仪式，这标志着非上市公司股份转让的小范围、区域性试点将开始渐次走向全国正式运行。2013年2月8日，市场运行制度将由证券业协会发布的试点办法转为全国中小企业股份转让系统业务规则，这是全国场外市场建设从试点走向规范运行的重要转折。2013年6月20日，国务院确定结束"新三板"试点，正式揭牌运行，科技型中小企业的发展进入一个全新的快车道，全国性、多层次的资本市场将逐步完善。2013年12月，"新三板"的全国扩容政策正式实施。

2014年8月25日，"新三板"正式采用做市转让方式，43家挂牌企业与42家券商成为首批吃螃蟹的人，根据"新三板资本圈"企业库数据显示，首批43家挂牌公司平均净利润2034.23万元，较挂牌公司均值高出154%。自做市转让方式正式推出之后，相关概念股也闻风而动，交易活跃度居市场前列。业内人士认为，"新三板"的扩容和做市商的推出，标志着"新三板"新时代的来临。

经过近十年的跨越式发展，我国"新三板"市场如今已初具规模，总体运行平稳，秩序良好，吸引了一大批优质的高科技、高成长企业参与试点。特别注意的是，自2013年12月14日，"新三板"正式将试点扩容至全国以来，我国的场外交易市场建设以"新三板"为代表变得更加明朗，发展步伐也进一步加快，2014年372家公司登陆新三板，2015年5129家，到2016年年底突破1万家，达到10163家，2017年12月31日达到11630家，而截至2018年年底，新三板挂牌企业总家数10691家，较2017年年底净减少939家。全年新挂牌企业573家，主动从新三板摘牌企业超过千家。

一、挂牌企业数量分析

从各项数据来看，2016年仍是新三板的"腾飞之年"。尽管行情波动十分剧烈，但新三板的各个方面在2016年都有质的突破，无论是挂牌、交易、定增、做市、融资还是并购方面，相比2015年均全面提升。自此之后的2017年、2018年新增挂牌数量持续下降，而随着股转系统推进制度改革，重大改革落地的当口，企业的选择或许也将出现变化。

从挂牌数量上来看，2016年新三板市场发展速度最为惊人。截至2016年12月31日，新三板企业挂牌总量突破10000大关，达到10163家，相较于2015年的5129家，新增5034家，增幅达到惊人的98.14%。相比于2006年新三板刚刚设立时的10家，更是增长了1016.3倍。2017年年底达到了11630家（见图4-1），但是，2017年和2016年相比虽然挂牌家数有所增加，但是增加数量远小于2016年，原因详见后文分析。2018年年底达到10691家，与2017年年底相比净下减少了939家，年内摘牌企业达到1517家，较2017年增长113.96%，新挂牌企业数为537家，较2017年下滑了70.62%。总的来说，新三板上市公司规模的大幅度增长主要出现在2012年以后，可挂牌企业的范围从最初的北京中关村园区，到新增了上海张江、武汉东湖和天津滨海等三个区域，再到2013年12月新三板扩容政策在全国实施后，新三板挂牌公司出现井喷式发展。

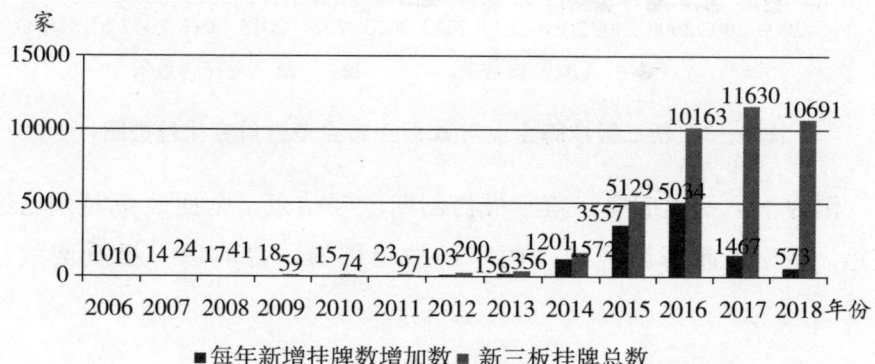

图4-1　2006—2018年年底新三板公司每年新增数量及总数

Wind 资讯显示,相对于 A 股上市公司数量基本稳定增长的趋势来看,新三板在近几年发展势头迅猛,特别是在 2013 年扩容以后,新三板挂牌企业数量迅速增长。到 2015 年 7 月 24 日,新三板挂牌企业数量达到 2876 家,首次超过了 A 股上市公司家数,2017 年 12 月 25 日,新三板市场挂牌企业数量突破 5000 大关,达到 5016 家,而截至 2018 年年底,新三板行情指数持续下行,定增额、交易量、挂牌企业数量均出现萎缩。根据全国股转公司披露的统计数据,2018 年新三板挂牌公司数量较 2017 年减少近 1000 家,总市值缩水近 1.5 万亿元;全年挂牌企业通过定增累计融资 604.43 亿元,较 2017 年下滑近 55%;全年市场合计成交 888.01 亿元,较 2017 年减少约六成以上(见图 4-2)。

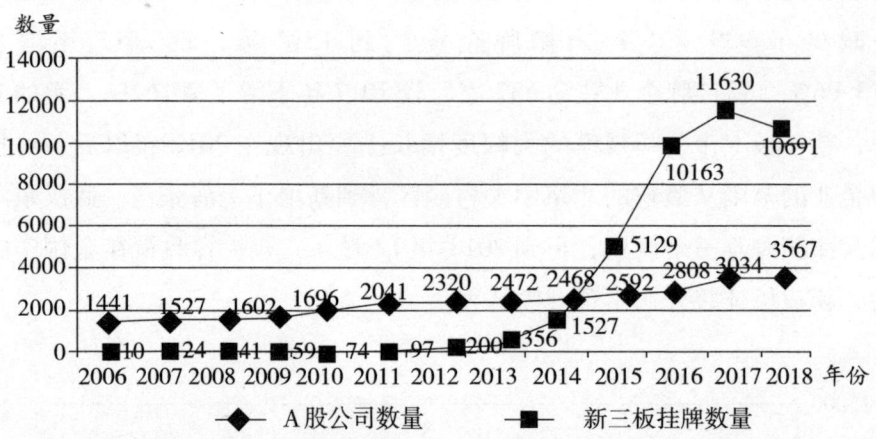

图 4-2　新三板挂牌企业与 A 股上市企业数量变化趋势图

　　作为一个新生市场,新三板初创期已经结束,全面改革时期已经成熟,新三板改革已经纳入国家的战略部署,目前进入提质增效新阶段。

二、企业市值分析

　　从挂牌企业市值上来看,新三板的竞争力一直无法与主板和创业板相比，2011年整个新三板企业总市值仅为63亿元，2012年4月证监会提出"将加快推进新三板建设"以后，新三板开始走进资本市场的舞台，2012年新三板企业市值达到316亿元，比上一年翻了5倍。而新三板真正开始进入快速增长期是在2014年，新三板企业总市值达到4591亿元，同比增长895%。截至2016年年底，新三板挂牌企业总市值达40558.11亿元，较2015年年底24584.42亿元的总市值增长165%，2017年年底达到49404.56亿元，比2016年年底增加8846.45亿元，2018年，新三板共有挂牌公司10691家，总市值为3.45万亿元。市值总额较2017年下滑了30%（见图4-3）。

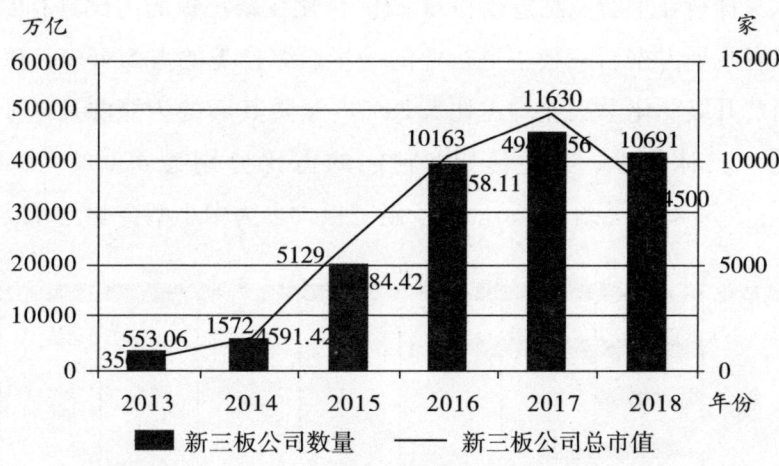

图4-3 新三板挂牌公司数量和市值变化趋势

三、挂牌企业行业分析

根据数据显示，截至2018年年底，制造业凭借数量优势成为新三板行业之最，也可以看出新三板有近一半的企业为制造业；全年增量方面，2018年新增573家挂牌公司，其中制造类占比达33%，高居首位（见图4-4）。

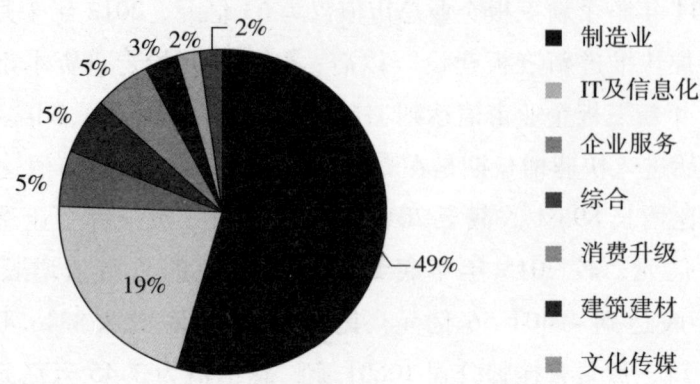

图 4-4 2018 年新三板市场总量行业分析

从具体行业上看，制造业和 IT 及信息化在新三板的占比具有明显优势，两者几乎占据新三板主题行业的一半。综合类的占 5.46%；医疗健康、消费升级、化学工业均占比 5.28%；紧随其后的为能源及矿业、建筑建材、农林牧渔、文化传媒，它们的占比分别为 4.40%、4.40%、4.05%、3.35%（见图 4-5）。由于新三板大多为中小型企业，可以看出

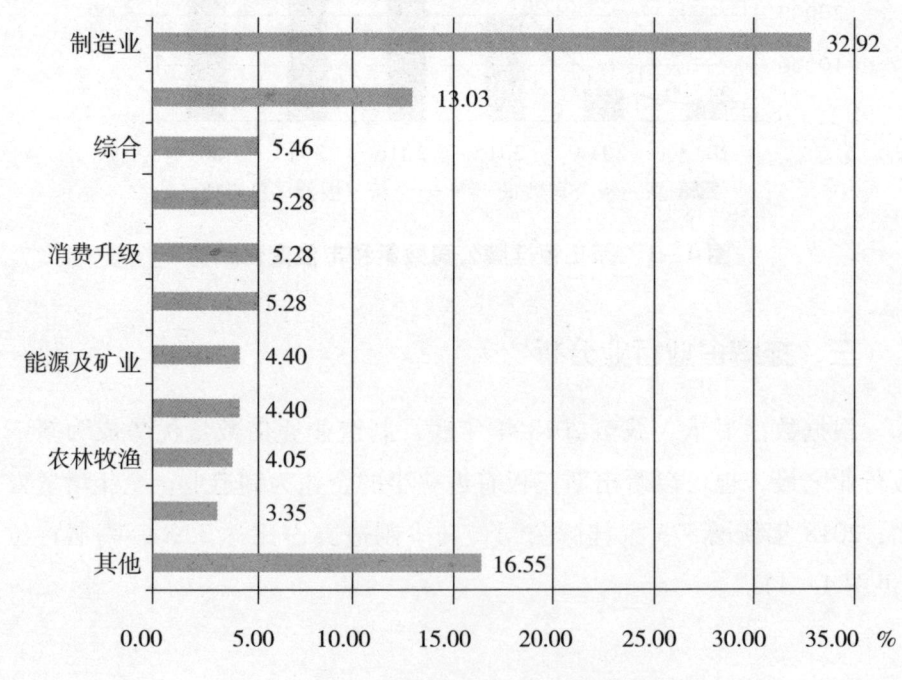

图 4-5 2018 年新三板市场增量行业分布

在新三板中占比较高行业多为技术密集型行业，制造业和信息技术，非日常消费品类的企业在新三板挂牌公司中占据重要地位，而与此形成鲜明对比的是能源、金融、房地产、公用事业等资本需求较多的企业占比较少。

四、挂牌企业区域分析

从挂牌企业的地域分布来看，广东省、北京市、江苏省依然位居三强。具体来看，2018 年挂牌企业，广东省净退出 240 家、北京市净退出 178 家、江苏省净退出 117 家。挂牌企业数量前十的地区中，河南省最平稳，全年净退出 7 家挂牌企业。

股本方面，北京市企业的总股本 1103.45 亿股，较 2017 年下降 5.01%，优于其他地区；广东省企业总股本 809.69 亿股，全年下滑 9.77%；江苏省企业总股本 644.88 亿股，全年下滑 11.96%，仍居第三（见表 4-1）。

表 4-1　2018 年新三板企业区域分布数量及股本情况

地区	企业家数（变化）	总股本（亿股）	流通股本（亿股）
广东	1638（-240）	809.69	423.97
北京	1440（-178）	1103.45	733.87
江苏	1273（-117）	644.88	334.06
浙江	932（-100）	497.14	287.95
上海	905（-84）	450.03	272.25
山东	624（-12）	406.98	250.62
福建	373（-32）	216.93	120.73
河南	371（-7）	220.75	113.83
湖北	360（-46）	170.73	89.02
安徽	340（-18）	273.45	143.62
其他地区	2435（-105）	1530.74	810.67

从分层情况看，目前创新层企业914家，较2017年年底减少了439家。其中，北京市135家，仍为第一，但较2017年年底以减少了97家；广东省创业层企业132家，退居第二，较2017年年底减少107家；上海市87家，较2017年年底减少44家（见表4-2）

表4-2 2018年新三板创新层企业区域分布数量及股本情况

地区	创新层家数（变化）	总股本（亿股）	流通股本（亿股）
北京	135（-97）	199.00	143.61
广东	132（-107）	159.89	101.93
上海	87（-45）	99.54	73.60
江苏	84（-47）	101.67	69.18
浙江	71（-32）	93.40	63.05
山东	56（-10）	99.46	75.93
河南	43（-10）	47.28	26.95
福建	41（-21）	47.35	28.34
湖北	34（-4）	31.44	17.52
河北	32（-4）	34.75	17.46
其他地区	199（-62）	245.99	160.26

基础层企业9777家，注册地前三仍为广东省、北京市和江苏省，分别为1506家、1305家和1189家，较2017年分别减少133家、81家和70家（见表4-3）。

表4-3 2018年新三板基础层企业区域分布数量及股本情况

地区	基础层家数（变化）	总股本（亿股）	流通股本（亿股）
广东	1506（-133）	649.79	322.04
北京	1305（-81）	904.45	590.26
江苏	1189（-70）	543.21	264.88

续表

地区	基础层家数（变化）	总股本（亿股）	流通股本（亿股）
浙江	861（-68）	403.75	224.90
上海	818（-39）	350.49	198.64
山东	568（-2）	307.53	174.69
福建	332（-11）	169.58	92.39
河南	328（-3）	173.47	86.88
湖北	326（-42）	139.29	71.50
安徽	320（-8）	251.54	130.43
其他地区	2224（-49）	1271.91	646.14

五、对2018年新三板市场回顾

实际上，2018年新三板已经进入了"负增长"时代。截至2018年年底，新三板挂牌公司数量为10691家，较年初的11630家下降939家。2018年，新增挂牌公司只有573家，摘牌的公司却达到1516家，远超2013—2017年的摘牌企业数量总和。自年报季开始，新三板便开始了轰轰烈烈的"摘牌潮"。

"寒冷"二字已不足概括新三板的2018年。挂牌公司净流出939家，市场进入负增长时代。大进大出是好事，但优质公司的不断流失必须要引起足够重视；定增融资额同比下滑54%。全年完成融资601.55亿元，融资额下降与大环境有关，但与新三板行情持续下行也有着直接关系；

二级市场成交更加寡淡。全年换手率仅5%，市场活跃度已回到2013年的水平。交易活跃不是新三板所追求的目标，但流动性以及可能引发融资功能退化等一系列负面影响必须引起高度重视。

2019年1月，投中统计发布最新《2018中国新三板市场数据报告》。报告显示，近6年，新三板市容量变化可简单分为两个阶段：即2013年以来的快速增长期和2017年开始的衰退期。2018全年市容量走势延续了之前的衰退态势，一路走低。

市场分层方面，前4月新三板分层情况波动不大，创新层占比维持在11%，自5月股转实行分层新政以来，由于提高了创新层准入门槛，创新层占比下降并维持至8%；转让方式方面，集合竞价、做市转让数量分布变化不大。

市场总量方面，制造业凭数量优势为新三板全行业之最，也可以看出新三板有近一半的企业为制造类企业；全年增量方面，2018年新增568家挂牌公司，其中制造类公司占比达33%，高居首位。年底市场总量方面，广东省、北京市、江苏省新三板企业占比均超10%，是新三板企业最为集中的前三个省（直辖市）全年增量方面，广东、江苏、浙江地区新三板挂牌企业分布最多，北京市排名第五，低于山东地区全年挂牌量。

综合市场行情、市场功能各方面因素，当下的新三板对公司的吸引力越来越弱。但对于万千中小企业而言，新三板才是它们资本市场的不二选择，解决中小企业融资难题也不能只靠银行系统。

作为服务民营经济的主阵地，新三板和上万家企业需要更完备的融资功能和流动性水平，更深层次的改革时不我待。

第二节　河南新三板挂牌企业发展概况

从2006年开始，全国每年均有一定数量的国内企业挂牌新三板，但仅局限于高新区企业，直到2014年1月24日新三板市场的大扩容，才出现河南企业的身影。在扩容首日的全国企业集体挂牌中，有12家河南企业正式挂牌登陆新三板，占当日挂牌企业总数的4.5%。2014年年底，河南省挂牌新三板企业共有57家，占挂牌总量的3.62%，到2015年年底有195家，占挂牌总量的3.80%。

2017年12月31日，河南省境内共有377家企业挂牌新三板，比上一年增加了35家，排名第九，比2016年下降一位，占全国挂牌总量的3.24%，2017年和2016年相比，挂牌企业数量和全国排名都有所下滑。

截至2018年12月31日，新三板共有10691家挂牌公司，河南有371家新三板公司，占比3.4%；其中249家有市值，占比67%。

在2018年中，河南省有30家企业主动申请摘牌，占2018年初河南省新三板企业总数量的7.9%，为主板或港股上市做准备、被A股上市企业收购，正在成为河南新三板企业主动申请摘牌的新形态。

从全国地域分布上看，截至2018年12月31日，河南省共有371家企业挂牌新三板，在中部六省中，较2017年超越了湖北（360家），位居中部六省第一。总资产仍次于安徽，居第二；营业收入次于安徽和湖北，位于第三；净利润次于安徽处于中部六省排名第二（见表4-4）。

表4-4 截至2018年年底中部六省新三板挂牌公司情况

省份	总挂牌家数	股本（万股）	资产合计（万元）	营业收入（万元）	净利润（万元）
湖北	360	1715187.07	7121320.34	5449675.23	292252.31
河南	371	2216338.99	8569102.87	5161577.85	403067.22
安徽	340	2740206.13	12888382.53	5971856.79	445962.36
湖南	223	1421815.63	5543118.17	3980528.49	247776.40
江西	146	882587.42	3326596.16	2591159.63	153291.22
山西	89	484055.71	1491413.51	782140.41	50476.72

第三节 河南新三板挂牌企业的区域分布

从河南省内新三板挂牌企业的地区分布来看，根据Wind资讯的数据，截至2018年12月31日，河南省共有371家企业挂牌新三板，分布于18个省辖市，主要集中在郑州、洛阳、新乡、许昌以及焦作五市，共277家企业挂牌新三板，占比为74.66%。可见，河南省挂牌新三板的企业主要集中在以郑州为中心的河南北部地区，南部地区挂牌企业较少，与河南省内地区经济发展程度相似。2014年无挂牌企业的周口、济源两市在2015年有了突破，分别有2家和1家企业在新三板挂牌，在2016年又有所突破，2017年又各增加一家，而2018年周口和济源在新三板挂牌数量分别为4家和1家（见图4-6、表4-5）。

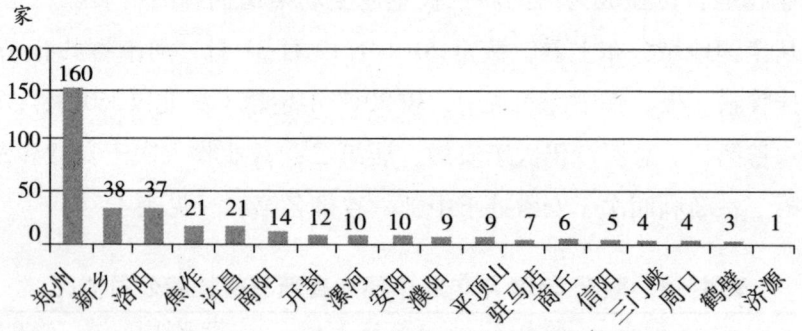

图4-6　2018年河南新三板企业挂牌数量分布表

表4-5　2018年河南省新三板挂牌公司省内地域分布

所属地域	挂牌家数	家数占比（%）	股本（万股）	资产（万元）	营业收入（万元）	净利润（万元）
郑州	160	43.13	726260.05	2408300.12	1611327.94	12199.95
洛阳	37	9.97	314190.38	1033473.13	324744.05	29155.288
新乡	38	10.24	22282.01	906819.54	569434.39	52688.80
许昌	21	5.66	165485.38	715411.30	393460.38	23199.16
焦作	21	5.66	106493.69	528871.02	400161.74	19,896.37
南阳	14	3.77	97337.91	285990.09	130763.81	9032.64
开封	12	3.23	104116.56	534470.39	214423.01	24925.81
安阳	11	2.70	63304.33	184932.59	89247.33	5194.42

续表

所属地域	挂牌家数	家数占比（%）	股本（万股）	资产（万元）	营业收入（万元）	净利润（万元）
平顶山	9	2.43	44320.40	160690.05	102373.37	6349.55
漯河	10	2.70	50224.76	153084.54	12806.74	9531.32
濮阳	9	2.43	68813.40	291371.99	237,010.12	16348.68
驻马店	7	1.89	98817.69	657203.22	455909.11	50249.23
商丘	6	1.62	33591.33	132291.07	45390.93	10614.63
信阳	5	1.35	42139.87	188415.83	132401.13	6114.51
鹤壁	3	0.81	32348.00	178367.30	207347.61	7944.03
三门峡	4	1.08	25788.30	91133.42	2562.98	2611.44
周口	4	1.08	19700.91	111371.38	9114.80	6863.19
济源	1	0.27	1124.00	6905.90	10098.40	1148.20

根据表4-5，从财务数据方面来看，Wind 资讯显示，2018 年河南省新三板挂牌企业总资产为 856.91 亿元，其中，郑州、洛阳、新乡、许昌、驻马店分列前 5 位，总资产分别为 240.83 亿元、103.35 亿元、90.68 亿元、71.54 亿元、65.72 亿元，占比为 28.10%、12.06%、10.58%、8.35%、7.67%以，五市就占了河南省新三板挂牌企业总资产的 66.76%；而同期 2017 年河南省新三板挂牌企业总资产为 796.50 亿元，其中，郑州、洛阳、许昌、新乡、焦作分列前 5 位，总资产分别为 237.14 亿元、82.93 亿元、74.59 亿元、72.02 亿元、55.35 亿元，占比为 29.77%、10.41%、9.36%、9.04%、6.95%以，五市占了河南省新三板挂牌企业总资产的 65.54%。

营业收入方面，2018 年河南省新三板挂牌企业总收入为 516.16 亿元，占据前 5 位的是：郑州、新乡、驻马店、焦作、许昌，分别为：161.13 亿元、56.94 亿元、45.59 亿元、40.02 亿元、39.35 亿元，占比为：31.22%、11.03%、8.83%、7.75%、7.62%，占全省总量的66.45%；而同期2017年河南省新三板挂牌企业总收入为476.67亿元，占据前5位的是：郑州、新乡、许昌、焦作、驻马店，分别为：160.62亿元、43.50亿元、40.93亿元、33.02亿元、32.08亿元，占比为：33.70%、9.13%、8.59%、6.93%、6.72%，占全省总量的65.07%。

净利润方面，2018年河南省新三板挂牌企业净利润总值为40.31亿元，占据前5位的是：郑州、新乡、驻马店、洛阳、开封，分别为：12.12亿元、5.27亿元、5.02亿元、2.92亿元、2.49亿元，占比为：30.07%、13.07%、12.45%、7.23%、6.18%，共占全省总量的69%；而同期2017年河南省新三板挂牌企业净利润总值为40.40亿元，占据前5位的是：郑州、新乡、开封、驻马店、洛阳，分别为：12.06亿元、3.763亿元、3.761亿元、3.61亿元、3.49亿元，占比为：29.86%、9.315%、9.31%、8.92%、8.64%，共占全省总量的66.04%。

从以上总资产，营业收入和净利润三个指标来看，河南省排名前五名的城市新三板挂牌企业所占比集中度有所提高。

第四节　河南新三板挂牌企业行业特征分析

根据2018年河南新三板企业TOP100行业分布来看，在上榜的企业中，化学原料及化学制品制造业数量最多，有10家企业。其次是专用设备制造业、软件和信息技术服务业、非金属矿物制品业均有8家企业（见图4-7）。

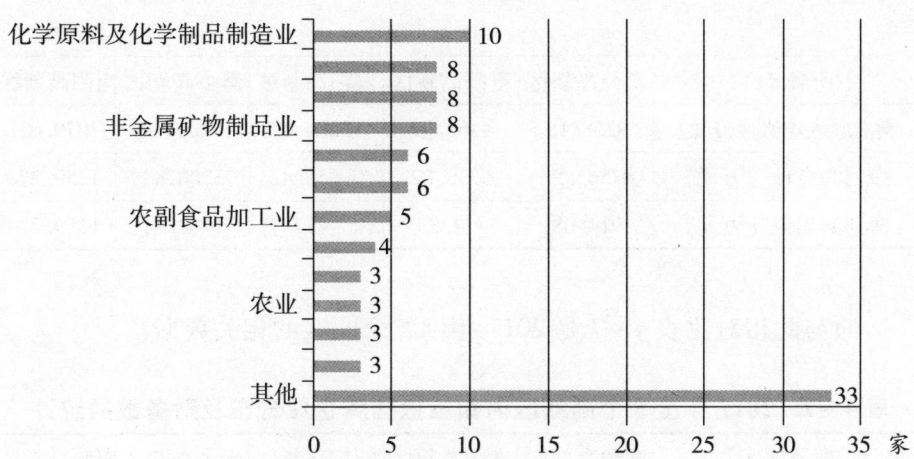

图 4-7　2018 年河南新三板企业 TOP100 行业分布

另外，我们选取郑州、洛阳、南阳、新乡和安阳 5 个高新区作为样本（相关数据见表 4-6），表 4-6 显示截至 2018 年年底郑州、洛阳等五市高新区内新三板挂牌企业数量及它们的财务状况，郑州稳居龙头老大的位置，无论是挂牌数量还是营业收入及净利润，郑州的总量是其他 4 个高新区加总之和还多。

表 4-6　2018 年度 5 个高新区内新三板挂牌企业分布及财务数据统计

所属园区	郑州高新区	洛阳高新区	安阳高新区	新乡高新区	南阳高新区
总挂牌家数	52	18	2	2	1
做市转让家数	8	2	—	1	—
竞价转让家数					
股份总量（万股）	254011.58	48309.96	28970.00	15332.00	3167.71
可交易股份总量（万股）	147934.45	23227.89	19528.33	7498.81	1654.51
资产合计（万元）	779659.41	165379.80	96465.52	69250.72	10029.21
总资产均值（万元）	14993.45	9187.77	48232.76	34625.36	10029.21
净资产合计（万元）	532997.78	120012.23	40698.77	37669.44	4445.79
净资产均值（万元）	10249.96	6667.35	20349.39	18834.72	4445.79
营业收入合计（万元）	481423.73	80387.87	24568.14	77257.31	7079.63

续表

所属园区	郑州高新区	洛阳高新区	安阳高新区	新乡高新区	南阳高新区
营业收入均值（万元）	9258.15	4465.99	12284.07	38628.65	7079.63
净利润合计（万元）	47563.28	6738.02	-835.42	3200.88	1259.27
净利润均值（万元）	914.68	374.33	-417.71	1600.44	1259.27

而与此相对比表4-7是2017年度5个园区的相关数据：

表4-7 2017年度5个高新区内新三板挂牌企业分布及财务数据统计

所属园区	郑州高新区	洛阳高新区	安阳高新区	新乡高新区	南阳高新区
总挂牌家数	54	18	3	2	1
做市转让家数	11	3	—	1	—
竞价转让家数	1	—	1	—	—
股份总量（万股）	247042.80	47209.96	43707.40	12632.00	1979.82
可交易股份总量（万股）	134424.01	22234.59	26455.98	6972.11	1034.07
资产合计（万元）	716573.27	149402.15	129803.19	28077.95	4926.90
总资产均值（万元）	13028.60	8300.12	43267.73	14038.97	4926.90
净资产合计（万元）	485270.51	110497.79	61927.87	24379.60	2314.96
净资产均值（万元）	8823.10	6138.77	20642.62	12189.80	2314.96
营业收入合计（万元）	473457.12	63092.80	78166.90	10366.42	2264.88
营业收入均值（万元）	8608.31	3505.16	26055.63	5183.21	2264.88
净利润合计（万元）	49428.25	4971.96	4746.41	600.66	291.58
净利润均值（万元）	898.70	276.22	1582.14	300.33	291.58

通过对比2018年和2017年的相关数据可以看出，除了安阳高新区外，其他4个高新区2018年营业收入都是增加的；郑州和安阳的净利润均有所下降，安阳甚至为负。2018年度郑州高新区企业挂牌新三板的数量比2017年少了两家，利润也同时下降，这说明企业的经营状况有待改善。

第五节　河南省新三板挂牌公司的特点

截至 2018 年 12 月 31 日，新三板共有 10691 家挂牌公司，河南有 371 家新三板公司，占比 3.4%；其中 249 家有市值，占比 67%。在市值排名前 100 名中，创新层 27 家、基础层 73 家，竞价转让 90 家，做市转让 10 家。与之相比，截至 2017 年 12 月 31 日，新三板共有 11630 家挂牌企业。河南有 377 家，占比 3.24%。其中，232 家企业有市值，占比 61.4%。在市值排名前 100 名中，创新层有 38 家、基础层有 62 家；协议转让 80 家，做市转让 20 家。通过对比，我们可以看到 2018 年河南省新三板企业挂牌数量较 2017 年有所下降，同时，在排名 TOP100 中，创新层企业也有所下降。这些都反映出，在新三板迎来摘牌热潮的大背景下，河南新三板挂牌数量也受到同样的影响。

2018 年新三板企业市值 TOP100 上榜门槛为市值达到 2.48 亿元，其中，企业市值超过 10 亿元 18 家，而市值在 3 亿元及以下 12 家、3 亿~4 亿元 19 家、4 亿~6 亿元 24 家、6 亿~8 亿元 14 家、8 亿~10 亿元 13 家（见表 4-8）。相比，2017 年河南省新三板挂牌公司市值前 100 名的上榜门槛为 3.02 亿元（见表 4-9）。榜单中有 2 家企业市值超 30 亿元。市值不足 5 亿元 33 家、5 亿~10 亿元 33 家、10 亿~20 亿元 25 家、20 亿~30 亿元 7 家，对比可看出，2018 年新三板 TOP100 上榜门槛市值明显降低。

表 4-8　2018 年新三板企业市值排名 TOP100 排行榜榜单前十位

证券代码	证券简称	总市值（亿元）
833371	蓝天燃气	38.49
837679	百川环能	24.06

续表

证券代码	证券简称	总市值（亿元）
834408	盛源科技	21.62
833675	环宇科技	18.08
831950	亚太能源	17.93
832379	鑫融基	15.24
831392	天迈科技	13.63
836531	枫华种业	13.17
837567	中兵通信	12.49
871111	久久农科	12.24

表4-9　2017年新三板企业市值排名TOP100排行榜榜单前十位

证券代码	证券简称	总市值（亿元）
831298	美基食品	38.37
833371	蓝天燃气	32.13
832821	金丹科技	29.27
837679	百川环能	24.06
836728	豫新科技	23.64
833393	速达科技	22.96
834342	慧云股份	22.34
833687	中拓石油	21.77
839391	金恒新材	21.31
836758	奥吉特	19

相比可看出，蓝天燃气又一次占据第一位，同时化学制造、专业设备和软件信息业等都占据着重要的比重。

本章小结

从 2013 年 1 月 16 日全国中小企业股份转让系统经国务院批准正式揭牌运营，与上海证券交易所和深圳证券交易所组成三大全国性证券交易场所，自此，由证监会统一监管下的主板、中小板、创业板和全国股份转让系统组成的多层次资本市场构建完成。在 2015 年后，内新三板市场进入快速发展时期，挂牌企业数量更是呈现了爆发式的增长。但发展至今，特别是 2018 年在新三板挂牌企业数量出现的负增长，使我们不得不重新思考新的环境条件下我们是否要对新三板进行一系列改革。本章主要分析了国内新三板的发展历程，以及河南省内挂牌新三板企业的现状，并从省内企业的行业分布、地域分布以及财务数据等方面做出了具体讨论。总体来看，河南省新三板企业挂牌数量、营业收入和净利润等指标仍不及国内经济较发达的地区，但自身发展速度可圈可点；从地域分布来看，挂牌企业主要分布于以郑州为中心的河南省北部地区；从行业分布来看，挂牌企业主要分布于制造业、信息传输、软件和信息技术服务业、建筑业以及农林牧渔业等。

第五章　河南省拟上市预披露公司分析

　　随着中国经济制度不断完善，中国股票市场规模不断扩大，推动了经济体制改革，促进了中国产业结构升级，对经济发展和社会进步的影响力越来越大，在国民经济中占有越来越重要的地位。中国股票市场经过多年的发展，取得了一定的成绩，法治化、制度化建设步步推进，逐渐进入良性循环的态势。2016年"十三五"规划纲要草案在健全金融市场体系的相关工作安排中提出要创造条件实施股票发行制，2018年证监会对发行制度改革依旧具有强烈和迫切的愿望，提出要以服务国家战略、建设现代化经济体系为导向，吸收国际资本市场成熟有效有益的制度与方法，改革发行上市制度，努力增加制度的包容性和适应性，中国的资本市场正在一步一步寻找适合中国国情的制度。对于信息披露制度，中国证券法律制度参照国外证券相关法律制度引进了信息披露制度，并颁布了《上市公司信息披露管理办法》，然而中国信息披露制度仍然存在信息披露不真实、不及时、不充分、不主动，信息披露监管效果效率低、力度小等问题，这对市场的良性发展有着相当大的负面影响。本章从上市公司信息披露制度、上市公司与拟上市公司的发展状况出发，首先对河南省拟上市预披露公司进行逐一分析，其次将河南省与其他地区的拟上市公司进行多方面的对比，最后梳理总结不足之处，并针对不足之处提出相应政策建议。

第一节　中国上市公司与拟上市公司信息披露制度

　　公司发行上市不仅可以筹集大量资金，提高公司净资产，降低负债率,改善资本结构,提高抗风险能力,而且可以通过发行上市促使公司建立完善的现代企业制度,为公司长远发展提供制度基础。此外,公司上市可以实现股东权益的证券化,使股东财富快速增加。首次公开募集股票(简称IPO)阶段,即时间范围处于申报报表年度至上市当年之间的公司称为拟上市公司,是指经过国家财政部、发改委批准设立准备上市的,但还未经证监会批准的、尚未发行股票的股份公司。拟上市公司是上市公司的后备军,也是一个区域的优良企业,同样也是带动该区域发展的"领头羊"。根据《证券法》《首次公开发行股票并上市管理办法》和《首次公开发行股票并在创业板上市管理办法》的相关规定,按照依法行政、公开透明、集体决策、分工制衡的要求,首次公开发行股票(简称首发)的审核工作流程分为受理、反馈会、初审会、发审会、封卷、核准发行等主要环节,分别由不同处室负责,相互配合、相互制约,对每一个发行人的审核决定均通过会议以集体讨论的方式提出意见,避免个人决断。申请文件受理后、发行审核委员会审核前,发行人应当将招股说明书(申报稿)在中国证监会网站预先披露(见图5-1)。

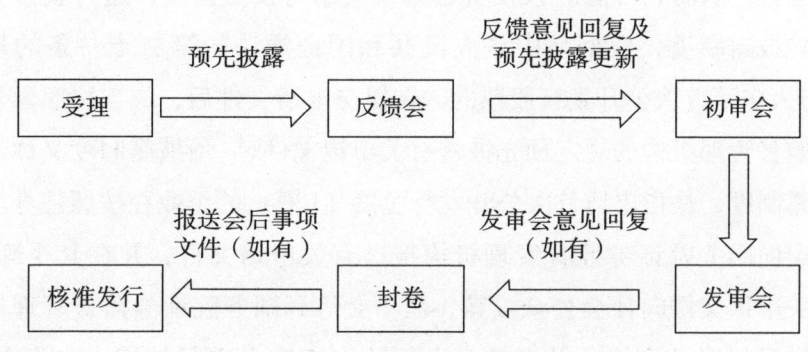

图5-1 基本审核流程图

信息披露制度,也称公示制度、公开披露制度,是指证券市场上的有关当事人在证券发行、上市和交易等一系列环节中依照法律法规、证券主管机关的管理规则及证券交易场所的有关规定,以一定的方式向社会公众公布或向证券主管部门或自律机构提交申报与证券有关的信息而形成的一整套行为规范和活动准则的总称。上市公司信息披露制度是证券市场发展到一定阶段，相互联系、相互作用的证券市场特性与上市公司特性在证券法律制度上的反映。国家证券监管部门为保障投资者利益，要求上市公司接受社会公众的监督而依照法律规定必须将其自身的财务变化、经营状况等信息和资料向证券管理部门和证券交易所报告，并向社会公开或公告，以便使投资者充分了解情况。它既包括发行前的披露，也包括上市后的信息公开。

信息披露制度具有充分性、完整性、强制性、权利义务的单向性、及时性、真实性和准确性等特点，作为规制证券市场的一项重要制度，自产生以来，在保护投资者，保证证券市场高效运营方面起到了巨大的推动作用，成为政府干预证券市场，进行宏观调控的重要工具。同时，信息披露制度也是使投资者了解上市公司以及证券监管机构监管上市公司的重要途径之一。

尽管信息披露制度能为投资者提供参考，但是信息的及时性却无法满足当代投资者的投资需求，再加上中国的股市在信息披露方面还有诸多的短板，从而有可能导致投资者错误判断与投资损失，这时就需要引进预先披露制度，根据《中华人民共和国证券法》第二十一条的规定"发行人申请首次公开发行股票的，在提交申请文件后，应当按照国务院证券监督管理机构的规定预先披露有关申请文件。"预披露制度又称为预先披露制度，是指申请首次公开发行股票（IPO）的企业在按照证券法相关规定向国务院证券监督管理机构报送有关申请文件，并在其受理后，将有关申请文件向社会公众披露，而不必等到国务院证券监督管理机构对报送材料审核完毕，做出核准发行的决定后再进行披露。在此之前，申请首次公开发行股票的公司必须等到国务院证券监督管理委员会对申请文件审核完毕并做出核准发行的决定后才能向社会公众披露。预先披露制度是发行制度从审批制向核准制变革的进一步深化，是市场化约束机制的重要组成部分。预先披露制度的完善，有利于投资者和市场各方准确认识发行监管工作的性质和作用，缩小各方认知差距。在强化发行环节各中介机构和发行人的责任意识的同时，让广大投资者明了市场是一个由多元主体共同负责的机制，只有多元主体共同负起责任，"三公"原则才能得以有效实施，投资者权益的保护才能落到实处。预先披露制度的不断完善也将为中国证券发行制度最终向注册制的过渡奠定基础。

第二节 河南省拟上市公司分析

从表5-1中可以看出河南地区证券市场的基本情况，相较于2017年，2018年在各个方面都有所进步。截至2018年12月，河南省辖区上市的公司总共有79家，新增1家；上市公司市值达6847.89亿元，比2017年9625.98亿元下跌了28.86%；在审辅导公司30家、挂牌公司371家，分别较2017年减少8家和7家。综上所述，相较于2017年，2018年河南地区上市公司规模大幅下跌，且数量增长速度较为缓慢，新增境内、境外上市公司数量较少，公司规模依然较小，筹资金额不高，总体状况堪忧，金融局面恶化显像。

表5-1 河南证券市场基本情况
（截至2018年12月）

	项　　目	数　　值
境内上市公司	家数	79
	市值（亿元）	7001.92
	首发筹资金额（亿元）	27.54
	股权再筹资金额（亿元）	59.55
	债券筹资金额（亿元）	50.70
	在审辅导公司数（家）	30.00
	挂牌公司数（家）	371.00
	定向发行挂牌公司数（家）	38.00
	挂牌公司定向发行数（次）	40.00
	定向发行股票筹资金额（亿元）	18.12

通过对公开资料的整理发现，2018年河南地区共有1家拟上市公司完成了信息披露——河南蓝天燃气股份有限公司。另外，2018年有4家公司完成信息预披露更新，分别为河南平原智能装备股份有限公司、郑州天迈科技股份有限公司、兰考瑞华环保电力股份有限公司、河南蓝信科技股份有限公司。

本节以下内容将对拟上市预披露公司从公司简介及发展状况、财务分析、行业发展状况几个方面进行简要的分析。在财务分析中，主要对各个公司的偿债能力、获利能力、营运能力及发展能力四个方面进行描述，选取指标如下：

1. 偿债能力指标分析

企业偿债能力是反映企业财务状况和经营能力的重要标志，偿债能力是企业偿还到期债务的承受能力或保证程度，企业偿债能力主要财务指标有流动比率、资产负债率等。首先是资产负债率（总负债/总资产），资产负债率反映了企业的资产对债务的保障程度，比率越小则说明企业的偿债能力越强，一般认为其比率应小于50%，即负债应小于所有者权益。其次是流动比率（流动资产/流动负债），流动比率是评价企业用流动资产偿还流动负债能力的指标，流动比率过低，企业可能面临清偿到期债务的困难；流动比率过高，表明企业资产利用率低，存货积压，周转缓慢。

2. 获利能力指标分析

企业建立的目的是盈利，能够获利企业才有存在的价值，而投资人最为关注的是企业投资的回报率。这一指标的分析主要选取营业利润率、总资产报酬率、和销售净利率进行分析。营业利润率（营业利润/营业收入）、总资产报酬率［（利润总额＋利息支出）/平均资产总额］、销售净利率（净利润/销售收入）均是比率越大越好，反映企业的盈利能力越强。

3. 营运能力指标分析

营运能力分析是整个财务分析工作的核心所在，它决定着公司的偿债能力与获利能力。营运能力的作用表现为对各项经济资源的价值即资产周转率与周转额的贡献上，然后通过这种作用对增值目标的实现产生影响。从这种意义上讲，通过营运能力的分析，不但可以评价企业的经营管理效率，也可判断其是否具有获利的能力。衡量营运能力的指标主要选取了资产周转率进行分析，总资产周转率（销售收入/总资产）即总资产周转次数，一般情况下，该比率越高，表明以相同的资产完成的周转额较多，资产利用效果较好，资产流动性强，短期偿债能力强。

4. 发展能力指标分析

发展能力是指企业未来年度的发展前景及潜力。反映企业发展能力的指标主要有营业收入增长率和利润增长率等。营业收入增长率是指企业本期营业收入增长额同上年营业收入总额的比率，它反映企业销售收入的增减变动情况，是评价企业成长情况和发展能力的重要指标。该指标若大于0，表示企业本年营业收入有所增长，指标值越高，表明增长速度越快，企业市场前景越好；该指标若小于0，表示企业产品不适销、质次价高、市场份额萎缩。利润增长率表明企业利润的增长情况与效益稳定的程度，该指标越高，表明企业积累越多，企业的持续发展能力越强。

河南蓝天燃气股份有限公司

（一）公司简介及发展状况

河南蓝天燃气股份有限公司成立于2002年，位于河南省驻马店市，主要从事河南省内的管道天然气业务、城市燃气等业务，位于天然气产业链的中下游，是河南省主干线管网覆盖范围最广、规模最大的新能源专业化企业，旗下有全资子公司——河南省豫南燃气有限公司、河南蓝天新长燃气有限公司，参股公司——河南蓝天中油洁能科技有限公司、郑州航空港兴港燃气有限公司。

公司主要运营管理项目为国家西气东输一线豫南支线、国家西气东输二线南阳至驻马店支线、博爱至薛店支线,公司天然气支干线总长度700多千米,年输气能力达45亿立方米,覆盖区域人口5000多万人、气化城市人口500多万人。公司自设立以来一直致力于天然气长输管道业务的运营,从2010年开始进入城市燃气业务板块,利用自身专业化、规模化的经营优势,不断扩大管网覆盖范围,同时加快拓展城市及乡镇燃气业务,并不断向下游产业链条延伸。目前公司系河南省内竞争优势显著的综合燃气公司,为改善大气环境、促进经济社会发展、提高人民生活质量做出了重大贡献。

(二)公司财务分析

报告期内,公司实现利润总额39713.95万元,比2017年同期增长38.92%;实现营业收入321595.60万元,比2017年同期增长27.6%,其中,城市天然气营业收入78691.10万元,比2017年增长48%,代输天然气营业收入8172.38万元,比2017年增长34.73%,管道天然气销售收入201206.24万元,比2017年增长21.35%,燃气安装工程营业收入30903.65万元,比2017年增长21.1%。营业成本262017.82万元,同比增长27.33%,占营业收入的81.73%;管理费用11969.86万元,占营业收入的3.73%;销售费用1979.44万元,同比增长40.31%,占营业收入的0.62%;财务费用56,82.7万元,同比降低2.91%,占营业收入的1.77%;营业利润39484.32万元,同比增长38.41%,占营业收入的12.32%;净利润29651.67万元,同比增长37.54%,占营业收入的9.25%。营业收入同比增长27.60%,主要是下游客户天然气需求旺盛,并且公司向中石油采购的竞拍气价格较2017年有所上升,公司向下游客户销售的竞拍气价格也同样上升,因此2018年管输天然气销售平均单价也上升较大的原因所致;营业成本同比增长27.33%,主要是下游客户天然气需求旺盛,且公司向中石油采购的竞拍气价格较2017年有所上升所致;销售费用同比增长40.31%,主要是由于公司职工薪酬增长的原因,为销售人员人均薪酬水平有所提高,且随着公司业务发展,公司销售人员数量有所增长所致;营业利润同比增长

38.47%,主要是下游客户燃气需求提升,燃气销售量提升,销售价格同比略有上升,城市燃气安装开户量增长所致;净利润同比增长37.54%,主要是公司营业利润同比增长,净利润保持相应幅度的增长所致(见表5-2)。

表5-2 2016—2018年河南蓝天燃气股份有限公司财务财务摘要

	类 别	2018年年报	2017年年报	2016年年报
关键比率	净资产收益率-加权(%)	20.51	16.62	11.21
	净资产收益率-平均(%)	20.46	16.47	11.20
	总资产净利率-平均(%)	9.00	6.95	4.67
	总资产报酬率ROA(%)	13.74	11.08	8.10
	投入资本回报率ROIC(%)	12.00	8.55	5.39
	销售毛利率(%)	18.27	18.10	17.58
	销售净利率(%)	9.25	8.58	7.05
	流动比率(CR)	0.49	0.42	0.32
	速动比率(QR)	0.42	0.35	0.27
	资产负债率(%)	54.80	57.34	58.24
	资产周转率(倍)	0.97	0.81	0.66
	营业利润同比增长率(%)	38.41	62.42	-26.78
	营业收入同比增长率(%)	27.60	26.86	-4.14
	利润总额同比增长率(%)	38.92	49.94	-23.74
	总资产同比增长率(%)	6.95	5.86	1.52
	总负债同比增长率(%)	2.21	4.43	1.36
	净资产同比增长率(%)	13.32	7.85	1.76

续表

类别		2018年年报	2017年年报	2016年年报
利润表摘要	营业总收入（万元）	320595.61	251248.04	198044.84
	营业总成本（万元）	282673.35	223457.74	180236.85
	营业收入（万元）	320595.61	251248.04	198044.84
	营业利润（万元）	39484.32	28526.17	17391.84
	利润总额（万元）	3713.95	28586.78	18894.31
	净利润（万元）	29651.66	21559.09	13969.57
	非经常性损益（万元）	1165.68	712.53	1075.91
	息税前利润EBIT（万元）	45283.30	34341.52	24229.24
	息税折旧摊销前利润EBITDA（万元）	55717.29	44247.18	34016.36
资产负债表摘要	流动资产（万元）	68124.45	52111.36	41438.48
	固定资产（万元）	215797.69	215066.12	213959.17
	长期股权投资（万元）	10329.35	7400.50	4324.78
	资产总计（万元）	340716.11	318572.46	30401.72
	流动负债（万元）	138337.91	124221.25	128690.24
	非流动负债（万元）	4383.31	58455.55	46843.93
	负债合计（万元）	186721.22	182676.80	175534.16
	股东权益（万元）	153994.89	135895.67	125867.56
	归属母公司股东的权益（万元）	153994.89	135895.67	125867.56
	资本公积（万元）	21594.61	21594.61	21594.61
	盈余公积（万元）	15243.62	1054.76	9780.69
	未分配利润（万元）	74143.04	59596.30	52087.96

续表

类 别		2018年年报	2017年年报	2016年年报
现金流量表摘要	销售商品提供劳务收到的现金（万元）	368313.57	298723.99	226455.43
	经营活动产生的现金净流量（万元）	52333.80	50492.02	28485.42
	购建固定无形长期资产支付的现金（万元）	13834.79	1727.33	13959.22
	投资活动产生的现金净流量（万元）	-16251.73	-13856.98	-717.39
	筹资活动产生的现金净流量（万元）	-32264.19	-27901.16	-16306.92
	现金及现金等价物净增加（万元）	3817.89	8733.89	2461.12
	期末现金及现金等价物余额（万元）	3804.88	34986.99	2253.11
	折旧与摊销（万元）	10433.99	9905.66	9787.12

河南蓝天燃气股份有限公司长期偿债指标资产负债率逐年下降，由2016年的58.24%下降至2018年的54.8%，长期偿债能力不断增强；反映短期偿债指标的流动比率和速动比率都是逐年上升，且流动比率小于1，速动比率小于0.5，这说明该公司资金的流动性比较差（见图5-2）。

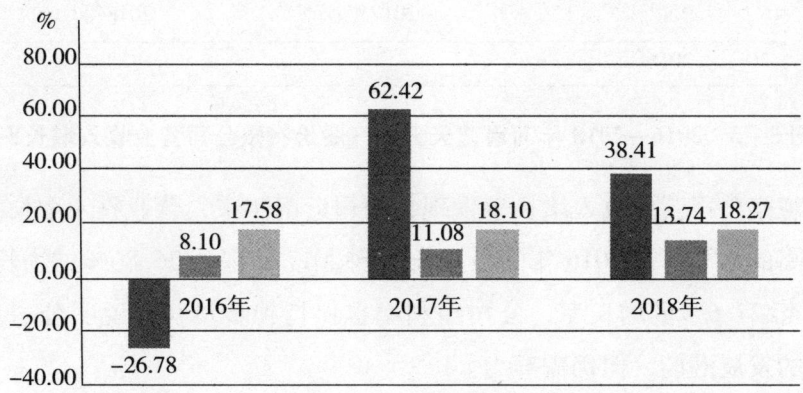

图5-2 2016—2018年河南蓝天燃气股份有限公司获利能力指标

因 2018 年仅有一家公司完成预披露,故仅有一,没有二。

在公司获利能力方面,公司的营业利润率近两年保持着较快的增长,在 2017 年大幅度增加,比 2016 年增长了 59.94 个百分点,2018 年营业利润比 2017 年增长 38.41%;总资产报酬率和销售净利率在 2018 年也有了一定的提升,分别增长了 2.66 个百分点和 0.17 个百分点。从三个获利能力指标的数据来看河南蓝天天燃气股份有限公司的获利能力在不断增强。

公司的资金周转率近三年也在不断提高,2016 年资金周转率为 0.66,2017 年为 0.81,2018 年为 0.97,说明公司的营运能力保持的较好,资产利用效果较好(见图 5-3)。

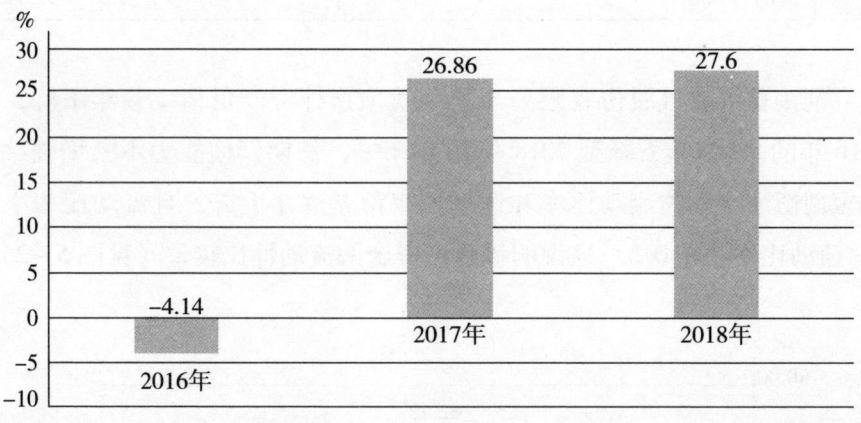

图 5-3　2016—2018 年河南蓝天天燃气股份有限公司营业收入增长率

观察公司营业收入增长率发现,公司近两年来,营业收入增长率保持较高的水平,从 2016 年的负增长,到 2017 年保持 26.86% 的增长率,2018 年 27.6% 的增长率,公司净利率也保持稳步增长,说明公司具有一定的发展潜能,但仍需努力。

(三)行业发展状况

随着全社会节能减排和环境保护意识的提高,清洁高热的天然气能源日益受到重视,我国天然气市场已进入快速发展阶段。国家发改委印发的《加快推进天然气利用的意见》（发改能源〔2017〕1217号）中提到，要求到2020年，天然气在一次能源消费结构中的占比达到10%；到2030年，天然气在一次能源消费中的占比提高到15%。

近年来河南省天然气应用进入快速发展期，省天然气消费量呈逐年上升的态势。河南省发改委发布的《河南省天然气发展和利用规划纲要（2011—2020年）》中提出，到2020年河南省将实现"气化河南"战略目标。根据国家发改委2013年2月16日发布的《产业结构调整指导目录（2011年本）（修正）》，"原油、天然气、液化天然气、成品油的储运和管道输送设施及网络建设""城市燃气工程""液化天然气技术开发与应用""城市供水、排水、燃气塑料管道应用工程"，均属于鼓励类项目。

公司自成立以来一直致力于天然气长输管道业务的运营，从2010年开始进入城市燃气业务板块，并不断向下游产业链条延伸。目前公司系河南省内竞争优势显著的综合燃气公司。随着全社会节能减排和环境保护意识的提高，天然气的应用进入快速发展期，作为一家专注于燃气输送及城市燃气运营的企业，公司的发展将会受到积极的影响。

第三节　河南省拟上市公司与其他地区的对比分析

2018年，全球经济继续复苏，中国经济稳中向好，产业结构持续调整，市场消费稳定增长，物资价格走势分化。2018年的中国股市，在监管全面趋严的大背景之下，总体上呈现出了"稳中有升"的格局，河南地区股市不断成长，上市公司发展水平不断提高，但与其他地市相比还有较大的差距，本节将河南拟上市公司与其他地区进行对比分析，分析河南省拟上市公司发展还存在的一些不足。

一、拟上市公司数量与 GDP 综合排名情况对比

GDP 是反应综合实力的重要指标,而上市公司各方面的数据可以在一定程度上反映出该地市的资本竞争力。2018 年我国跨入万亿元 GDP 的省份增加至 26 个,从表 5-3 的我国省份资本竞争力排行情况中可以发现,GDP 的排名情况基本保持同 2016 年一致,广东省和江苏省依旧占领 GDP 排名前两位,地区均突破 9 万亿元,山东省和浙江省紧随其后,其 GDP 均有所增长,分别达到 7.6 万亿元和 5.6 万亿元。GDP 排名首位的广东省,其上市公司数量及拟上市公司数量都排在第一位,江苏省和浙江省的拟上市公司数量分居第二、第三位。上海和北京地区虽然 GDP 总值排名较为靠后,分别为十一位和十二位,但其人均 GDP 分别为 13.97 万元和 13.51 万元,排名前两位,同时,两地拟上市公司数量分别排在第四位和第五位。由以上分析可以看出,GDP 排名靠前的地区,其与拟上市公司数量也相应较多,上市公司对当地经济的发展有着重要的作用。较多的优良企业可以促进当地经济发展,同时,良好的经济发展环境也为地方企业带来更好的发展环境并带来更多的拟上市公司与上市公司,最终形成良性循环带动经济的发展。

表 5-3　2018 年中国省份资本竞争力排行前 13 位情况

GDP 总值排行	省(直辖市)	2017 年 GDP 总值(亿元)	拟上市公司	
			拟上市公司数	排名
1	广东	97277.77	71	1
2	江苏	92595.40	64	2
3	山东	76469.70	22	6
4	浙江	56197.00	60	3
5	河南	48055.86	5	11
6	四川	40678.13	15	8
7	湖北	39366.55	14	9
8	湖南	36425.78	5	12

续表

GDP 总值排行	省（直辖市）	2017年GDP总值（亿元）	拟上市公司 拟上市公司数	排名
9	河北	36010.30	5	13
10	福建	35804.04	14	10
11	上海	32679.87	32	5
12	北京	30320.00	50	4
13	安徽	30006.80	19	7

2018年河南省GDP总值为48055.86亿元，连续12年位居第五位。虽然GDP总值排名较为靠前，但是河南地区人口较多，人均GDP相对较低，仅为5.03万元，与北京、上海等地区存在较大差距。在上市公司数量及拟上市公司数量方面，河南省上市公司数量79家，拟上市公司数量为5家，排名相对靠后，均为第十一位。这也可以反映出河南省经济相较于沿海城市存在较大的差距，拟上市公司的数量同样相差较远。正因为如此，我们应该也可以看出河南省证券市场潜在的发展空间，巨大的经济规模和人口红利以及较低的证券化率，为河南证券行业提供了很大的发展空间。

仅从河南省拟上市公司的地区分布来看，河南省5家拟上市公司有2家分布于郑州、2家坐落于开封、1家在驻马店。郑州市作为河南省的省会城市，是河南省经济最发达的城市，具有得天独厚的资源优势，拟上市公司数量理应最多。随着中原经济区、郑州航空港经济综合实验区和河南省国家粮食生产核心区三大战略上升为国家战略，未来河南经济增长动力强劲，上市公司与拟上市企业将会有更好更快的发展。

二、拟上市公司市场结构分布对比

从市场结构分布（见图5-4）来看，2018年全国拟上市公司申请板块主要集中在上交所主板市场和深交所创业板市场，拟在中小板上市的企业相对较少。在上交所拟上市公司数量为 189 家，占总数的 45.1%，达到将近一半的数量，而创业板和中小板的公司数各为 75 家和 155 家，各占总数的 17.9% 和 37%。

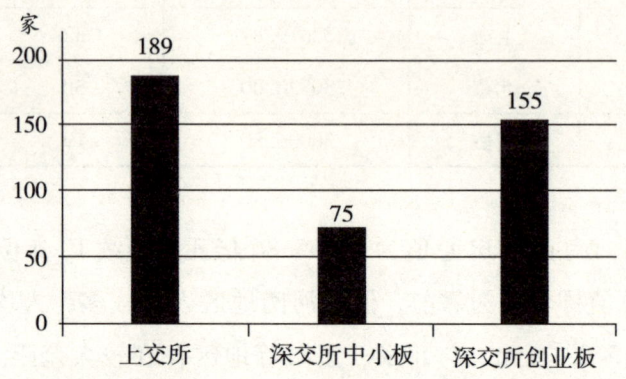

图 5-4　2018 年全国拟上市公司数量——按上市地和板块分类

通过表 5-4，2018 年河南省与全国主要省市的拟上市公司市场结构分布相比，差距悬殊。广东、江苏、浙江、北京、上海主要地区其拟上市公司不仅数量占比较大，而且市场分布与全国总体分布大体相同，主板和创业板分布相对较多。河南省拟上市公司数量占比较小，并且与全国总体分布不同，拟在上交所上市的公司数量为 3 家，占比为 60%；拟在深交所创业板上市的公司数量为 2 家，占比为 40%；拟在主板上市的公司数量多于创业板，深交所中小板为 0 家。众所周知上市公司上市发行股票，其中在主板市场发行股票的条件是相对较高的，而且主板市场上市的企业质量一般优于创业板与中小板市场。河南是中国第一人口大省、第一农业大省、新兴工业大省，是中国重要的经济大省，但河南省上市公司在数量上依然相对较少，在整体上市公司中所占份额较少，对于促进经济发展的作用不明显。除河南地区的拟上市企业总量不及北京、上海、浙江等地，其市场结构分布上也有一些差距。

表 5-4 2018 年河南省与其他主要地区拟上市公司市场结构分布

拟上市公司数量排名	地区	主板	中小板	创业板	合计
1	广东	13	27	31	71
2	江苏	34	5	25	64
3	浙江	41	4	15	60
4	北京	16	12	22	50
5	上海	23	1	8	32
11	河南	3	—	2	5

注：6—10 地区拟上市公司排名省略，河南与前 5 地区做对比参考。

三、拟上市公司行业分布对比

根据表 5-5 我国拟上市公司行业分布状况可以看出，拟上市公司涉及各行各业，其中加工制造业占比相对较大。数量最多的行业为计算机、通信和其他电子设备制造业，共 37 家，其中 18 家拟在深交所创业板上市，为拟在创业板上市数量最多的行业。化学原料和化学制品制造业也是 37 家，其中拟在主板上市的有 18 家，是拟在主板上市数量第二多的行业。排名第三位便是电器机械和器材制造业，共 32 家，其中 13 家拟在深交所创业板上市，为拟在创业板上市数量第三多的行业。

表 5-5 2018 年我国拟上市公司行业分布情况

拟上市公司类型	主板	中小板	创业板	拟上市公司类型	主板	中小板	创业板
电器机械和器材制造业	14	5	13	商务服务业	3	1	11
食品制造业	3	1	1	专业技术服务业	7	3	10
非金属矿物制造业	3		2	资本市场服务	3		
专业设备制造业	7	4	13	互联网和相关服务业	3	2	16
医药制造业	16	2	8	开采辅助活动		1	
仪器仪表制造业	2	3		餐饮业			1
通用设备制造业	3	1	7	农林牧渔业	4	4	1

续表

拟上市公司类型	主板	中小板	创业板	拟上市公司类型	主板	中小板	创业板
化妆品制造业				电力、热力生产和供应业	6	2	3
家具制造业	3		1	金融业	21	7	
汽车制造业	6		2	房地产业		1	1
酒、饮料和精制茶制造业	1			纺织服装、服饰业	2	2	4
化学原料和化学制品制造业	18	6	13	公共设施管理	3	1	1
计算机、通信和其他电子设备制造业	10	9	18	道路、船舶、航空航天和其他运输业	3	3	2
其他制造业			1	生态保护和环境治理业			2
金属制品业	2	2	1	土木工程建筑业	2		
橡胶和塑料制品业	4	5	2	文化教育、体育、娱乐业	2	1	2
造纸和纸制品业	4		1	新闻和出版业	1	1	2
石油加工、炼焦和核燃料加工业	1			研究和试验发展	7	1	9
有色金属冶炼和压延加工业	3	2	1	零售批发业	11	5	4
广播、电视、电影和影视录音制作	2		1	建筑装饰和其他建筑业	2	1	
软件和信息技术服务业	7	1	14	电信、广播电视和卫星传输服务			1
总计					189	81	169

从河南省拟上市公司行业分布情况（见表 5-6）来看，河南省拟上市公司当中涉及 4 个行业，其中软件信息服务业分布的较多，有 2 家拟上市公司，占比 40%；专业设备制造业、电力热力生产和供应业、燃气生产和供应业各有 1 家。通过对比可以看出，河南省拟上市公司数量较少，行业分布较为局限。

表 5-6 2018 年河南省拟上市公司行业分布情况

拟上市公司类型	数量
软件和信息服务造业	2
专用设备制造业	1
电力、热力生产和供应业	1
燃气生产和供应业	1

四、拟上市预披露公司主要财务指标对比

本节选取广东、江苏、浙江、北京四个排名较为靠前的地区，整理其拟上市预披露公司（除去未公开财务信息的公司）2018 年的财务报表，选取偿债能力指标、获利能力指标、运营能力指标分别进行排名，节选出排名前 15 位的公司，将其指标与河南省的拟上市预披露公司进行对比，可以更好地反映出他们之间的差距。

资产负债率比率越小则说明企业的偿债能力越强，一般认为其比率应小于 50%，而流动比率过低，企业可能面临清偿到期债务的困难；流动比率过高？表明企业资产利用率低，存货积压，周转缓慢。根据表 5-7 中 2018 年拟上市预披露公司偿债能力的排名可以看出，河南蓝信科技有限责任公司表现较好，资产负债率省内排名第一，在国内排名大概处于靠前位置；省内排名第二的兰考瑞华环保电力股份有限公司与经济强省的拟上市公司相比也处于优势地位；而剩余两家公司，郑州天迈科技股份有限公司与河南平原智能装备股份有限公司则因资产负债率较高未列入排名。

表 5-7 2018 年拟上市预披露公司偿债能力指标对比

公司名称	资产负债率（%）	排名
广州方邦电子股份有限公司	4.9372	1
北京新兴东方航空装备股份有限公司	6.9764	2
浙江每日互动网络科技股份有限公司	7.2528	3

续表

公司名称	资产负债率（%）	排名
北京挖金客信息科技股份有限公司	8.3212	4
江苏爱朋医疗科技股份有限公司	10.8380	5
宁波永新光学股份有限公司	11.2531	6
河南蓝信科技有限责任公司	11.3050	7
无锡上机数控股份有限公司	11.6624	8
金华春光橡塑科技股份有限公司	12.2801	9
亿嘉和科技股份有限公司	13.1218	10
兰考瑞华环保电力股份有限公司	14.35	11
北京康辰药业股份有限公司	15.0496	12
苏州恒铭达电子科技股份有限公司	15.3527	13
浙江捷昌线性驱动科技股份有限公司	17.4074	14
北京中科海讯数字科技股份有限公司	18.4193	15
郑州天迈科技股份有限公司	40.89	
河南平原智能装备股份有限公司	62.19	

有关获利能力指标分析，营业利润率、总资产报酬率、销售净利率都是比率越大越好，反映企业的盈利能力越强。通过表5-8营运能力的三个指标的对比，河南省拟上市预披露公司的各项指标均与其他省市公司数据相差较大。销售净利率指标，河南省的拟上市预披露公司与排名前几位的公司存在差距，除河南平原智能装备股份有限公司在排名中处于第一位置，郑州天迈科技股份有限公司在排名中处于第五位置，其他公司均排名较为靠后，且为能列入排名。这种差距反映出河南省拟上市预披露公司盈利能力还较弱。总资产报酬率，河南省的拟上市预披露公司与排名前几位的公司同样存在差距，除河南蓝信科技有限责任公司处于第14名外，其余均为能列入排名。

第五章 河南省拟上市预披露公司分析

表 5-8 2018 年我国拟上市预披露公司获利能力指标对比

公司名称	总资产净利率（%）	排名	公司名称	销售净利率（%）	排名
浙江三美化工股份有限公司	35.47	1	河南平原智能装备股份有限公司	62.19	1
北京挖金客信息科技股份有限公司	33.95	2	江苏金融租赁股份有限公司	51.34	2
广州方邦电子股份有限公司	29.62	3	浙江每日互动网络科技股份有限公司	46.46	3
江苏立华牧业股份有限公司	26.46	4	广州方邦电子股份有限公司	44.76	4
浙江每日互动网络科技股份有限公司	23.17	5	郑州天迈科技股份有限公司	40.89	5
亿嘉和科技股份有限公司	22.38	6	北京新兴东方航空装备股份有限公司	37.35	6
苏州恒铭达电子科技股份有限公司	21.42	7	亿嘉和科技股份有限公司	36.43	7
深圳迈瑞生物医疗电子股份有限公司	20.66	8	江苏紫金农村商业银行股份有限公司	29.64	8
宁波锦浪新能源科技股份有限公司	20.57	9	无锡上机数控股份有限公司	29.35	9
浙江捷昌线性驱动科技股份有限公司	19.34	10	北京挖金客信息科技股份有限公司	29.28	10
宁波水表股份有限公司	18.17	11	杭州迪普科技股份有限公司	28.55	11
苏州龙杰特种纤维股份有限公司	16.87	12	中信建投证券股份有限公司	28.45	12
杭州迪普科技股份有限公司	16.46	13	北京中科海讯数字科技股份有限公司	28.38	13

公司名称	总资产净利率（%）	排名	公司名称	销售净利率（%）	排名
河南蓝信科技有限责任公司	16.05	14	深圳迈瑞生物医疗电子股份有限公司	27.09	14
北京中科海讯数字科技股份有限公司	15.68	15	绿色动力环保集团股份有限公司	25.86	15
河南平原智能装备股份有限公司	4.64		兰考瑞华环保电力股份有限公司	14.35	
兰考瑞华环保电力股份有限公司	3.12		河南蓝信科技股份有限公司	11.3	
郑州天迈科技股份有限公司	-0.35				

营运能力同样利用总资产周转率指标进行分析，该比率越高，表明资产利用效果较好，资产流动性强，短期偿债能力强。在这个指标的反应中，可以看出河南省拟上市预披露公司同样较为落后，基本处于靠后的位置。营运能力方面，河南省的拟上市预披露公司任务非常艰巨（见表5-9）。

表5-9 2018年我国拟上市预披露公司营运能力指标对比

公司名称	资产周转率	排名
富士康工业互联网股份有限公司	2.3790	1
苏州龙杰特种纤维股份有限公司	1.9104	2
珠海安联锐视科技股份有限公司	1.7747	3
科沃斯机器人股份有限公司	1.6481	4
江苏立华牧业股份有限公司	1.4685	5
宁波锦浪新能源科技股份有限公司	1.4481	6
浙江三美化工股份有限公司	1.4256	7

续表

公司名称	资产周转率	排名
深圳市隆利科技股份有限公司	1.3950	8
宁波水表股份有限公司	1.3603	9
亚普汽车部件股份有限公司	1.3516	10
广东天元实业集团股份有限公司	1.3046	11
中源家居股份有限公司	1.2882	12
宁波兴瑞电子科技股份有限公司	1.1999	13
北京挖金客信息科技股份有限公司	1.1594	14
南通国盛智能科技集团股份有限公司	1.1556	15
郑州天迈科技股份有限公司	0.69	
河南蓝信科技股份有限公司	0.52	
河南平原智能装备股份有限公司	0.52	
兰考瑞华环保电力股份有限公司	0.33	

注：河南4家公司因排名太低，故不写排名。

通过三个方面的对比分析，发现河南省拟上市预披露公司与其他省市相比还存在较大的差距，有较大的发展空间，各个公司仍需继续努力，发现问题并提升自己的各项能力。

第四节　河南省拟上市公司现存问题及政策建议

通过上面的对比分析可以发现，目前，河南省拟上市公司的发展仍存在一些问题。

信息披露方面：一是信息披露可能存在不真实、不充分现象。这是信息披露中最严重，也是危害最大的问题。普遍存在的信息披露不充分并伴随着大规模的信息造假，可能对财务报告或上市申报材料虚假陈诉，或是未按规定履行有关文件和信息的报告、公布和公告义务，隐瞒重大事项、挪用募股资金未予公告等。这种现象一方面加大了证券市场的风险，另一方面也直接损害了投资者和其他利益相关者的利益。二是信息披露监管效率低、力度小。证监会主要负责对上市公司会计信息披露载体的定期报告和临时报告进行审查，在人力、物力和时间相对有限的情况下，特别是对定期报告的审查，根本无法及时发现问题。对有关的违法违规行为一般采用行政处罚的办法解决，这不仅使违法违规成本较低，更忽略了对投资者民事权益的保护。

拟上市公司数量较少及分布不均。通过前面的统计可以清楚地发现：一是河南省拟上市公司的数量较少，与江苏、浙江、广东、北京、上海等经济较为发达的地区差距较大，且在省内分布不均匀，区域发展不平衡。二是拟在主板上市的企业占比较小，由于主板市场发行股票的条件相对要求较高，且公司质量一般优于创业板和中小板，而河南省拟在主板上市的公司仅占40%，多数公司分布于创业板和中小板。三是业分布不均衡，因为拟上市公司数量较少，必然存在行业分布不全面的现象。

拟上市公司质量不高。除了从拟上市板块上反映出河南省拟上市公司的质量不高，通过与北京、广东、上海、浙江等地区的拟上市预披露公司的对比也可以看出河南省拟上市公司质量上也相差悬殊。分别从偿债能力、获利能力、营运能力三个方面多个指标进行对比分析，河南省拟上市公司与其他地区相比均存在较大的差距，偿债能力不足，获利能力和营运能力也相对较弱。

针对以上的问题，政府、公司都应当采取相应措施进行整改。首先对于政府部门：一是加大对上市公司信息披露的监管和处罚力度。加大信息披露的监管力度必须要做到有法必依、违法必究，对于违法披露信息以及鼓励隐瞒或歪曲重要信息的行为要严肃处理，并予以曝光。二是为河南省企业提供良好的上市条件与上市环境，坚持扶优扶强原则，鼓励省内优质企业上市，加大对拟上市公司的培养，选择一些有上市可能的企业进行改制辅导，培养上市企业预备队，提高上市公司的数量和质量，提高企业主板上市所占比例。三是进一步加强协调力度，协同区域发展，加大对相对落后地区的政策倾斜力度，以郑州为主要发展地区，带动周围其他城市经济发展，缩小城市之间的发展差距。其次对于企业：一是提高自身运作的规范性，自觉遵守法律法规，及时披露信息，接受监管部门严格把关。二是提高企业效率与产品质量，加强创新能力，发展科技创新，努力提升自身偿债能力、获利能力、营运能力及发展能力。三是多与外省企业进行比较，借鉴发展经验，查漏补缺、去粗取精，努力提高自身发展水平。

本章小结

本章内容就河南省拟上市公司发展情况做出分析，首先从信息披露制度出发，介绍我国信息披露制度的相关内容，对河南省拟上市预披露公司进行逐一分析，2018年河南地区共有一家拟上市公司完成了信息披露——河南蓝天燃气股份有限公司。同时有4家公司完成信息预披露更新，分别为河南平原智能装备股份有限公司、郑州天迈科技股份有限公司、兰考瑞华环保电力股份有限公司、河南蓝信科技股份有限公司。由于预披露更新公司无发生重大信息变化，因此仅对一家拟上市预披露公司从公司发展情况、财务摘要以及行业发展情况三个方面进行分析总结。分析发现河南蓝天燃气股份有限公司有较强的偿债能力和一定的获利能力，公司未来发展趋势较好，但其运营能力还需进一步提高，除运营成本小幅上升外，其他指标均表现良好，行业发展前景广阔。

通过河南省与其他地区的拟上市公司进行系统性的对比分析，2018年河南省拟上市公司数量排在第11位，与排名前几位的省市相比差距较大，并且大部分公司分布于省会郑州。从市场结构分布来看，2018年全国拟上市公司申请板块主要集中在上交所主板市场和深交所创业板市场，拟在中小板上市的企业相对较少。而河南省与全国总体分布不同，拟在上交所上市的公司数量占比仅为40%，拟在深交所中小板上市的公司占比为0，而拟在深交所创业板上市的公司数量最多，占比达到60%，拟在主板上市的公司数量小于中小板和创业板。从公司行业分布情况来看，河南省拟上市公司当中涉及4个行业，软件和信息技术服务业占有较大比重，行业分布较为局限。从拟上市预披露公司主要财务指标来看，河南省拟上市预披露公司的偿债能力、获利能力、营运能力指标均排名靠后，与其他地区排名前几位的公司相比差距较大，各个公司仍需继续努力，提升自己的各项能力。

河南省具有巨大的经济规模和人口红利，以及较低的证券化率，其证券市场存在较大的发展空间，要不断地发现问题、解决问题，促进证券市场更好的发展。通过对发展现状的分析，可以发现河南省拟上市公司还存在一些不足之处：公司信息披露存在问题，拟上市公司整体数量不足，地区分布及行业分布不均衡，拟上市公司质量不高。针对以上不足之处从政府及企业两个角度提出相关政策建议：政府部门要加大对上市公司信息披露的监管和处罚力度，提供良好的上市条件与上市环境；企业部门要提高自身运作的规范性，提高企业效率与产品质量，借鉴省外拟上市公司发展经验，查漏补缺，努力提高自身发展水平。

第六章 河南省在辅导科创企业分析

2018年2月24日,第十二届全国人大常委会第三十三次会议决定,授权国务院在实施股票发行注册制改革中调整适用《中华人民共和国证券法》有关规定的期限至2020年2月29日,国务院证券监管机构适时推出科创板试点注册制。2018年11月5日,习近平总书记在首届中国国际进口博览会开幕式主旨演讲中宣布,将在上海证券交易所设立科创板并试点注册制,开启了推动我国资本市场迈向服务高质量发展新的历史征程。

第一节 科创板细则

科创板挂牌证券主要包括三类品种:上市公司的股票、存托凭证(CDR)及相关衍生品种。科创板挂牌对象应当是面向世界科技前沿、面向经济主战场、面向国家重大需求,符合国家战略,拥有关键核心技术,科技创新能力突出,主要依靠核心技术开展生产经营,具有稳定的商业模式,市场认可度高,社会形象良好,具有较强成长性的企业。科创板重点支持的是新一代信息技术、高端装备、新材料、新能源、节能环保以及生物医药等高新技术产业和战略性新兴产业,推动互联网、大数据、云计算、人工智能和制造业深度融合,引领中高端消费,推动质量变革、效率变革、动力变革。科创板与深交所创业板是互补与竞合关系,而创业板挂牌对象主要是普通创新企业,市值偏中小型;科创板挂牌对象则主要是高端创新企业,市值偏大中型,二者在市场定位上是互补的，但有交集、有重叠，有竞争。

一、注册制发行流程

注册制与核准制最大的差别就在于监管部门是否对发行对象进行实质性审核，我们现行的核准制就是实质性审核，上市与否都是证监会的发审委说了算，而注册制是监管部门只对注册文件进行形式审查，监管部门拥有拒绝注册的权力，但拒绝注册得有理有据。实质性审核与形式审核最大的区别就在于监管部门是否对公司的价值做出判断，我们行政主导下的额度制、审批制、核准制，可能初衷是好的，是想选择优质的上市公司，防止劣质公司上市圈钱，是想让资本市场健康发展。但实际情况与父爱主义的初衷可能背道而驰，行政主导下的权力发审不但难以选出优质的公司，反而成了权力寻租的温床，各种带有财务欺诈的公司通过形形色色的公关，纷纷高价上市圈钱，对媒体揭露出来的负面现象，只受到低廉的处罚。而过低的违规成本恰恰又默许了不良公司的胡作非为，结果扭曲了各种市场化的功能，成为阻碍市场化改革的最大障碍。

从某种意义上说，建立科创板和试行注册制实际上就是建立一整套全新的股市运行规则。科创板实行股票发行注册制，上交所的审核应当是形式审核，不是实质审核。当然注册制也不是没有任何的实质性审核，只是证监会不做实质性审核，证监会只负责监督之职，科创板的股票发行审核权实质上交给了规则，甚至将审核权分散给了市场主体发行人、保荐机构、会计师事务所和律师事务所；同时，证券监管机构卸下了审核责任，市场主体承担了相应的审核责任。证券监管机构重点关注的是信息披露是否充分，对违反市场规则者加大违法违规成本，严格执法，不再代替投资人判断公司是否达标，更多交给市场去自行判断和选择。所以说，注册制并非是完全自由放任的自由市场，反而合规监管更加严格，除了要求发行人将依法公开的各种资料完整、真实、准确地向证券主管机关呈报并申请注册，还得回答主管机关层出不穷的询问，这些回答不能有任何作假，一旦发生欺骗，公司不但上不了市，而且还会受到法律的制裁和各种诉讼赔偿；同时发行人还得接受社会公众的全方位监督，其实约束条件更多了。虽然只要符合上市条件的公司都可以申请上市，但必须要有保荐承销机构、会计师、审计师、律师事务所等中介机构合力举荐，才能够"注册"成功。而一旦发现上市公司违规造假就立即停牌退市，并且严惩造假者和"帮凶"（中介机构），给他们罚以重金，以补偿受害者的利益。因此，科创板实行股票发行注册制，是发挥市场在资源配置中的基础性和决定性作用的体现。

科创板实行股票发行注册制，一家公司要在科创板上市，要经过以下程序：

（1）发行人申请公开发行股票并在科创板上市，要按照中国证监会有关规定制作注册申请文件，由保荐人保荐并向上交所申报，上交所收到注册申请文件后，做出是否受理的决定。

（2）上交所按照规定的条件和程序，做出同意或者不同意发行人股票公开发行上市的审核意见，同意发行人股票公开发行并上市的，将审核意见、发行人注册申请文件及相关审核资料报送证监会履行发行注册程序。

（3）证监会收到上交所报送的审核意见及发行人注册申请文件后，依照规定的发行条件和信息披露要求，在上交所发行上市审核工作的基础上，履行发行注册程序，对发行人的注册申请做出同意注册或者不予注册的决定。

科创板本身是中国资本市场和转型经济的一个创新。在中国多层次资本市场体系中，已有主板、中小板、创业板、新三板等，科创板无疑是新生事物，属于资本市场的增量改革。科创板最引人注目的创新，是试点股票发行注册制，不再实行国务院证券监管机构审核制。科创板是一个市场化和法治化要求更高的资本市场，科创板试点注册制成功后，将向中国多层次资本市场体系全面推广，科创板担负着推动整个中国经济更加市场化和法治化的使命。

二、IPO 标准：淡化盈利，重市值

科创板的上市标准打破了 A 股 IPO 标准"必须盈利"的法则，反而更加强调市值与营收高成长对创新企业的重要性，允许"高"科技亏损企业上市。这是一项重大改革，更加符合创新型企业发展的需求。根据企业的股权结构类型，IPO 标准如表 6-1 所示。

表 6-1 科创板 IPO 标准一览表

普通股权结构（任选其一）	预计市值不低于人民币 10 亿元，最近两年净利润均为正且累计净利润不低于人民币 5000 万元，或者预计市值不低于人民币 10 亿元，最近一年净利润为正且营业收入不低于人民币 1 亿元
	预计市值不低于人民币 15 亿元，最近一年营业收入不低于人民币 2 亿元，且最近三年累计研发投入占最近三年累计营业收入的比例不低于 15%
	预计市值不低于人民币 20 亿元，最近一年营业收入不低于人民币 3 亿元，且最近三年经营活动产生的现金流量净额累计不低于人民币 1 亿元
	预计市值不低于人民币 30 亿元，且最近一年营业收入不低于人民币 3 亿元
	预计市值不低于人民币 40 亿元，主要业务或产品需经国家有关部门批准，市场空间大，目前已取得阶段性成果。医药行业企业需至少有一项核心产品获准开展二期临床试验，其他符合科创板定位的企业需具备明显的技术优势并满足相应条
特殊股权结构企业（任选其一）	预计市值不低于人民币 100 亿元
	预计市值不低于人民币 50 亿元，且最近一年营业收入不低于人民币 5 亿元
红筹企业（任选其一）	预计市值不低于人民币 100 亿元
	预计市值不低于人民币 50 亿元，且最近一年营业收入不低于人民币 5 亿元

三、投资门槛与规定

（一）投资者门槛

为了隔离风险、保护散户利益，科创板设置了投资者适当性条件。投资者参与科创板股票交易，必须同时满足两个条件：①申请权限开通前 20 个交易日证券账户及资金账户内的资产日均不低于人民币 50 万元（不包括该投资者通过融资融券融入的资金和证券）；②参与证券交易 24 个月以上。这两个条件将大部分散户挡在了资本市场的门外，也体现了科创板投资主要针对的是机构投资者。

（二）交易规定

涨跌幅限制方面，上市后的前 5 个交易日不设价格涨跌幅限制，之后对科创板股票竞价交易实行价格涨跌幅限制，涨跌幅比例为 20%，比现行 A 股涨跌幅限制扩大了一倍。交易机制方面，科创板没有设置 T+0 回转交易机制，而是实行 T+1 的交易机制，虽然 T+0 的交易机制呼声一直很高，但为了稳妥起见，依然实行 T+1 机制，并且，将每个交易日的 15：05~15：30 作为盘后固定价格交易时间，也就是在收盘集合竞价结束后，交易系统按照时间优先顺序对收盘定价申报进行撮合，并以当日收盘价成交。对于交易股数上，科创板交易通过限价申报买卖科创板股票的，单笔申报数量应当不小于 200 股，且不超过 10 万股；通过市价申报买卖的，单笔申报数量应当不小于 200 股，且不超过 5 万股。卖出时，余额不足 200 股的部分，应当一次性申报卖出。做空机制方面，为了提高市场定价效率，着力改善"单边市"等问题，科创板将优化融券交易机制，科创板股票自上市后首个交易日起可作为融券标的，且融券标的证券选择标准将与主板 A 股有所差异。

四、定价与配售方式

定价方式上，改变了以往 A 股市场 23 倍市盈率的定价方式，所有股票采用市场化的询价定价方式，也就是说应当向经过中国证券业协会注册的证券公司、基金管理公司、信托公司、财务公司、保险公司、QFII和私募基金管理人等专业机构投资者询价确定股票发行价格。

网下配售：在科创板首次公开发行的股票，应当安排不低于本次网下发行股票数量的50%优先向公募产品（公募基金及公募偏股型资产管理产品）、全国社会保障基金、基本养老保险基金、企业年金基金及保险资金配售，而且优先配售比例应当不低于其他投资者。对于公开发行后总股本不超过4亿股的，则网下初始发行比例不低于本次公开发行股票数量的70%，若公开发行后总股本超过4亿股或发行人尚未盈利的，网下初始发行比例不低于本次公开发行股票数量的80%。

个人投资者若要获得网下投资者资质，可由具有证券承销业务资格的证券公司向协会推荐注册，更重要的是其在新股发行上市所在证券交易所前20个交易日的非限售股票的流通市值日均值必须达到1000万元。由于科创板主要配售给机构投资者，散户受入市条件限制很难通过线下方式投资，但是，散户可以通过科创板战略配售基金和其他公募产品参与网下"打新"。

而对于网上申购，投资者科创板网上申购必须同时满足两个条件：①达到"50万元+20个交易日+24个月"的投资者适当性条件；②账户市值至少达到1万元。两个条件缺一不可。

战略配售方面，放宽科创板战略配售的实施条件，首次公开发行超过1亿股的，战略配售原则上不超过30%（超过的需要在发行方案中充分说明）；首次公开发行不超过1亿股的，战略配售不得超过20%；战略配售投资者不参与询价，且承诺配售股票限制不少于12个月；安排战略配售的，应该扣除向战略投资者配售部分后确定网下网上发行比例；高管与核心员工可以通过专项资管计划参与战略配售，获配不超过首次公开发行股票数量的10%。上市后减持战略配售股份应当按规定进行预披露，以强化市场约束。

另外，实行保荐机构跟投制度，券商通过子公司使用自有资金进行跟投，跟投比例为2%~5%，锁定期为2年。设立投行自律委员会，不仅要"保"还要"荐"。

五、减持制度

科创板对于企业核心技术团队的减持要求比较低：①自公司股票上市之日起12个月内和离职后6个月内不得转让本公司首发前股份；②自所持首发前股份限售期满之日起4年内，每年转让的首发前股份不得超过上市时所持公司首发前股份总数的25%，减持比例可以累积使用。这对于企业创新发展给予了很大的支持。

科创板还适当延长了对未盈利企业实控人、董事、监管人员、高层管理人员锁定期要求，适当延长了保荐人的持续督导期。相关部门还将严打违法行为，对欺骗发行上市的科创板公司，将责令相关责任方购回其已发行的股份。①高管团队锁定期延长到3年，3年后仍然没有盈利的，最多再锁定2年。控股股东、董监高、高级管理人员、核心技术人员除了承诺首发3年不得减持外，新增公司未盈利不得减持，但是如果上市满5个完整会计年度不受限制。②董事、监管人员、高层管理人员每人每年二级市场减持不超过总股数1%，非公开转让不受比例限制。大宗接盘的，接盘方要禁售12个月。

六、允许差异化并放宽股权激励份额

科创板是第一个允许特殊股权结构企业上市的A股子市场，这也是A股市场包容性改革的重要内容之一。不过，它明确规定，发行人在首次公开发行并上市前不具有表决权差异安排的，不得在首次公开发行并上市后以任何方式设置此类安排。持有特别表决权股份的股东在上市公司中拥有权益的股份合计应当达到公司全部已发行有表决权股份10%以上。每份特别表决权股份的表决权数量应当相同，且不得超过每份普通股份的表决权数量的10倍。但差异化表决权企业上市需要满足预计市值大于100亿元或预计市值大于50亿元，近一年营业收入大于5亿元的条件。

原来的有效期内的股权激励计划所涉及的股票总数的限额，由占上市公司总股本的10%，现在提高到了20%；也允许单独或者合计持有上市公司5%以上股东的股份，实际控制人以及他们的近亲属成为股权激励的对象。当然这是有先行条件的，就是这些人需要在上市公司担任主要的管理人员、核心技术人员等。科创型企业很多创始人都是公司的灵魂人物，对他们实施股权激励，是应当的。

七、严格的退市要求

A股退市规则中设置了"暂停上市""恢复上市""重新上市"的条款，导致退市周期慢长，退市效率低下，并且引发制度博弈与政策对弈、炒壳、赌壳、爆炒垃圾股等不良现象的出现。而科创板废除了这一陈规旧制，大大简化了退市流程，节约了退市时间。

强制退市交易标准达到以下一项即终止上市：①连续20个交易日低于股票面值，也就是1元；②连续20个交易日市值低于3亿元；③连续20个交易日股东数低于400人；④连续120交易日累计成交量低于200万股。以上不含停牌日和首次上市前20个交易日。另外，新增了退市的财务指标，首年不达标的公司股票简称要冠以"*ST"字样，以作退市风险警示：①最近一年扣除非净利润或净利润其中一个为负，且营业收入低于1亿元；②最近一年净资产为负值；③研发型企业研发失败或被禁止使用（新增）。

第二节　科创板与国内外板块

一、科创板与美国纳斯达克

鉴于科创板全新的市场定位及注册制的施行，不少人将科创板视为

第六章 河南省在辅导科创企业分析

"中国的纳斯达克"。纳斯达克成立的初衷是规范混乱的场外交易,并为科创企业提供融资支持。为了吸引互联网科技企业上市,1982 年,纳斯达克对市场分层,设置了上市条件不同的全国市场和常规市场。纳斯达克成立不久,就孕育了微软、雅虎、戴尔、高通等一颗颗闪亮的企业明星,使得纳斯达克的声望大增。之后多次调整上市标准,增加了多种财务指标和流动性指标,并逐步放松了盈利限制。2000 年,互联网泡沫破灭、安然公司财务丑闻等事件导致美国证券市场出现信任危机。为了重塑市场信心,纳斯达克对上市标准又进行了小幅修改,提高了上市门槛以提升上市公司质量。为了应对交易所之间愈发激烈的竞争,2006 年,纳斯达克深化分层,设置全球精选市场、全球市场和资本市场,三个市场制定了不同的上市标准。同时,为吸引成长型公司,上市标准还在不断地适时调整。纳斯达克最初定位于服务高科技、创新型、有较大发展潜力的公司,而随着市场的发展及其影响力的扩张,纳斯达克的产业结构趋于丰富,金融、互联网商务、生物医药等新兴产业所占比重快速增长(见表6-2)。

表6-2 纳斯达克 IPO 标准一览表

分层市场		标　准
全球精选市场(标准四选一)	标准一	近三年税前收入不低于1100 万美元且近两年每年的税前收入不低于 220 万美元,同时每年的税前收入必须为正
	标准二	近三年税前收入不低于 2750 万美元,且每年为正;最近一年平均市值不低于 5.5 亿美元;最近一年收入大于 1.1 亿美元
	标准三	最近一年平均市值大于 8.5 亿美元;且收入不低于 0.9 亿美元
	标准四	公司市值不低于 1.6 亿美元;总资产不低于 8000 万美元;股东权益不低于 5500 万美元
	流动性指标	最低拥有 100 股股东或全体股东最低 450 人或 2200 人;公众持股达到 125 万股;公众持股市值 4500 万美元

续表

分层市场		标　准
全球市场	收入标准	最近一年或近三年中的两年税前收入不低于100万美元；股东权益不低于1500万美元；公众流通股市值不低于800万美元；做市商不低于3个
	股东权益标准	股东权益不低于3000万美元；公众流通股市值不低于1800万美元；做市商不低于3个；持续经营2年
	市值标准	证券市值不低于7500万美元；公众流通股市值不低于2000万美元；做市商不低于4个
	总资产/总收入	最近一年或近三年中的两年总资产和总收入都不低于2000万美元；做市商不低于4个
资本市场	股东权益标准	股东权益不低于500万美元；公众流通股市值不低于1500万美元；持续经营两年；投标询价不低于4美元或收盘价不低于3美元
	市值标准	股东权益不低于400万美元；公众流通股市值不低于1500万美元；证券市值不低于5000万美元；投标询价不低于4美元或收盘价不低于2美元
	净收入标准	股东权益不低于400万美元；公众流通股市值不低于500万美元；近一年或三年中持续两年净收入不低于75万美元；投标询价不低于4美元或收盘价不低于3美元

　　科创板是独树一帜的，承担的是我国的国家战略，不是纳斯达克的复制品。上市条件方面，科创板的 IPO 标准比纳斯达克低；交易机制方面，纳斯达克实行 T+0，无涨跌幅限制，以及做市商制度；科创板是根据我国国情，为保护投资者利益，实行 T+1，前五日无涨跌幅限制，之后有20%的涨跌幅限制，实行竞价交易和盘后固定交易；纳斯达克不设投资门槛，科创板主要针对机构投资，通过硬性指标将大量散户挡在门外；另外，在退出机制方面，科创板的退出制度堪称史上最严；纳斯达克最初分层的时候，并没有得到包括英特尔等巨头公司的青睐，分层的开始是被迫的，但也正是这样明确的分层，才成就了纳斯达克的辉煌，科创板虽没有进行分层，但它与主板、中小板、创业板的结合，已

经形成了我国资本市场的不同层级。美国的纳斯达克的成功,在于美国繁荣的经济条件和科学技术的进步。以往,我国科技的落后总归因于政策、制度的欠缺,而今,科创板的出现,为科创企业提供了新的融资途径,极大地提高了我国硬核技术企业的发展动力,使相关企业获得迅猛发展的机遇。

二、科创板与主板、中小板、创业板的区别

主板和中小板除了企业规模上的不同,其他方面都是一样的,尤其重视盈利性,对于技术创新和知识产权没有要求。创业板是对主板的补充,尽管面向的是"自主创新企业及其他成长型创业企业",加入了技术因素,但是仍然重视企业的盈利指标,使得不少科创型企业没法在创业板上市。主板和中小板要求发行人最近三个会计年度净利润均为正且累计超过3000万元;创业板要求发行人最近两年连续盈利,最近两年净利润累计不少于1000万元。科创板与注册制的落地,打开了我国资本市场的新篇章。

科创板则以"预计市值"为核心,综合营业收入、净利润、研发投入、现金流等因素设置了5套差异化的上市标准。从科创板的五套标准来看,企业市值越大,对盈利的要求越低,10亿元档有净利润要求,15亿元档注重研发投入,20亿元档有现金流量要求,30亿元档只看营收,而40亿元档则完全放开了盈利要求。科创类企业初期研发投入大,盈利能力小,通过科创板上市,能够有效避免其他板块盈利的硬性要求。但10亿~15亿元市值档的企业在科创板的上市标准比创业元板高,甚至高于主板,尤其表现在对净利润的要求上:科创板的10亿元市值档要求最近两年累计净利润不少于5000万元,而创业板的要求则是最近两年连续盈利且累计净利润不少于1000万元,主板的要求则是连续3年且每年的净利润都必须大于1000万元。科创板的标准二、标准三和标准四的营业收入要求比主板、中小板和创业板高,科创板要求预计市值不低于15亿元、20亿元和30亿元的企业,近一年

的应收分别不低于2亿元、3亿元和3亿元，而主板和中小板的营收要求是3年累计大于3亿元，创业板则是一年的营收不少于5000万元（见表6-3）。

表6-3 科创板与主板、中小板、创业板的对比

		科创板	主板	中小板	创业板
公司类型		成长型科创企业	大型成熟企业	中型企业	高成长性、创新型企业、中小企业
上市制度		注册制	核准制	核准制	核准制
存续期		3年	3年	3年	3年
财务指标	盈利要求	五套标准	近3年连续盈利，累计利润大于3000万元		近2年连续盈利，累计净利润不少于1000万元；或最近1年盈利，营业收入不少于5000万元
	现金流要求		近3年经营活动产生的现金流净额累计超过5000万元或营业收入累计大于3亿元		无
	净资产要求		最近1期末无形资产占净资产比不低于20%；最近1期末不存在未弥补亏损		最近1期末净资产不少于2000万元，且不存在未弥补亏损

三、设立科创板的意义

（一）深化资本市场改革

经过20多年的发展，我国已经建成多层次资本市场格局。但是，还没有实现资本力量转化为技术力量，我国的主板、中小板和创业板融资规模比较大，但审核制下的财务造假和发审委受贿事件使得IPO审核变味。创业板在一定程度上，为创新型成长型企业提供了便利，但还是

没有培育出科技巨头企业。新三板、新四板的出现，使得无法上市的企业能够挂牌融资，但流动性问题成为新三板和新四板的发展瓶颈。2018年新三板挂牌公司数量较2017年净减少近1000家，总市值缩水近1.5万亿元；全年挂牌企业通过定增累计融资604.43亿元，较2017年下滑近55%；全年市场合计成交888.01亿元，较2017年减少逾六成以上。纳斯达克的成功，在于其拥有硬核技术企业，而我国资本市场中上市企业虽多，但真正技术过硬的企业并不多，尽管创业板和新三板为科创企业提供了一定的便利，但并没有孕育出硬核技术企业，众多限制和不利条件甚至错失了阿里巴巴、京东等龙头企业。中美贸易战背景下，创新和技术更是让国人陷入深刻的反思，只有科技硬才能不被人扼住喉咙，资本与科技创新的融合，方能有力推动"大众创业、万众创新"，是创新和市场化改革的需要催生了科创板。

党的十八大以来，党中央高度重视创新驱动战略的实施，科创板的定位与创新驱动战略是一致的，行业方向与《中国制造2025》的重点领域也高度吻合，科创板为硬核技术企业的发展创造了良好的制度和融资环境。2018年12月中央经济工作会议上，习近平总书记指出："资本市场在金融运行中具有牵一发而动全身的作用"，并提到要通过深化改革，打造一个规范、透明、开放、有活力、有韧性的资本市场。科创板的推出是供给侧结构性改革的一个重要的内容，它会促进我们国家高科技企业更快的成长，一定会成为下一阶段中国高质量发展的一个非常重要的新动能，对于整个国家的经济发展都是有利的。

（二）解决新兴产业融资问题

战略新兴产业的种子期，以研发和知识产权为主，盈利状况不明显，甚至是亏本状态，又缺乏能抵押的固定资产，难以从银行等金融机构获得贷款和债权质押，股权质押自然成为其融资的重要手段，但是我国IPO融资的途径又不畅通，使得战略新兴产业难以在国内市场上市融资，甚至流入纳斯达克市场。

另外，新三板2018年形势不太好，挂牌企业大量减少，融资规模也出现大幅缩水，比 2017 年的融资规模降低了 40% 左右，引起了不少投资者和企业的恐慌。目前，国内资本市场的融资供给明显达不到企业发展的需要，不少好企业流失。科创板补齐了资本市场科技创新的短板，增强了对科创企业的包容性，使得战略新兴企业以低门槛进入资本市场，拓宽了融资渠道，有利于降低其融资成本，为企业研发注入活力。科创板与注册制落地以来，每一天都占据财经新闻的头条，短短几天时间，就有数十家企业申报科创板。2006 年创业板从提出到落地比较缓慢，也并没有引起广泛的关注，与如今科创板的雷霆之势形成了鲜明的对比。从目前受理企业的行业分布来看，以计算机、通信和其他电子设备制造业企业，专用设备制造业，软件和信息技术服务业以及医药制造业为主导，符合科创板的战略定位，而且，受理企业的披露里显示了募集资金的用途主要是研发投入方面。

（三）IPO 更加宽容，留住巨头企业

我国主板、中小板和创业板对 IPO 盈利的要求比较高，审核标准也比较严格，而国内大多数中小企业和科创企业的持续盈利能力不足，因此被阻挡在资本市场门外，国内知名的阿里巴巴、京东、百度、58 同城、新浪、唯品会和智联招聘等互联网独角兽企业都由于境内上市的限制，跑到美国上市。中小企业融资难、融资贵的问题成为社会各方关注的焦点，一方面社会发展在鼓励创新、创业，而另一方面又没有给予相应的制度条件、融资便利，又如何使科创企业放心大胆地走技术创新道路？当下，我国经济进入"新常态"，走传统的产业道路已经不能满足发展的需要，只有通过雄厚的资本实力，坚持科技创新，才能站稳脚跟。另外，尽管通过了 IPO，资本市场甚至违背了为企业提供融资的初衷，成为各方投资者套利的捷径。科创板和注册制，使得 IPO 的条件更加具有包容性，大大缩减了审核的时间，给予企业上市更多的便利，加上配售主要是针对机构投资者，减少了大批散户投机的概率，能够使资本市场更加稳定和规范。

第三节 科创板对河南的影响

科创板对河南经济发展的影响主要体现在以下四个方面。

一、有利于提高河南证券化率

金融是现代经济的核心，金融是实体经济的血脉，实体经济转型需要金融的正确引导，科创板能够驱动科技创新式的经济转型，科创板本身是中国资本市场和转型经济的一个创新。

截至2018年年底，在中国一共有3000多家上市公司，然而作为省级GDP排名第五的河南省，仅有79家公司，与其自身作为省级经济体量十分不适配。同时，河南省证券化率在全国仅仅处于中游水平，远远无法满足河南省自身经济发展的需求。

证券不兴，则资本不强；资本不强，则企业式微。从上海主板开板以来众多的企业融得大量发展资金，河南本地也有部分企业搭上资本快车进而迅猛发展。由于实体经济具有较大黏性，在经济运行过程中相较于金融行业具有先天性劣势。企业在非证券运行过程中主要依靠自身利润和贷款进行融资，少数企业可以依靠自身良好的信誉和发展势头获得持续外部投资，但这种依靠"口碑"的融资行为与市场化、证券化企业的融资行为相比存在着天然的劣势。

在过去，无论是主板还是中小板、创业板都存在着较高的门槛，并且近年来随着"壳"资源越来越紧俏，河南省本地许多具有优质潜力的公司无法进入资本市场以获得发展资金，导致许多优质企业不能快速的将其优势实用化，甚至导致许多行业尤其是资金投入度高、回报周期长的研发型、初创型企业处于极度不利的境地。

随着科创板的到来，河南省本地优质型初创企业获得巨大的发展机遇。由于采用注册制上市模式，相较于审核制而言，过去在某些领域没有达到要求，但又极具发展潜力且在原来审核制制度之下无法通过的公司可以实现上市以融得发展资金。因此，在注册制之下河南省证券化率一定会迈上新的台阶，河南省的企业也会获得更好的发展机遇。

二、缩小与经济发达地区的差距

由于起点低、起步晚，河南省与东部沿海地区之间具有一定的差距。虽然近几年来河南省的经济发展表现较佳，但在经济发展路径上，河南省一直处在高投入、高产出、高消耗的模式，与经济发达地区正在进行的产业升级存在着不小的差距。

现在我们正处于产业革命的新阶段，科技创新成为了时代发展的主题，各省之间的经济较量已经越来越倾向于提高创新能力的方面。在这一全新的竞争领域，只有提前着手、积极准备，才能实现"弯道超车"。

三、有利于提高河南省科创能力

科创板专门为科技创新型企业打开一扇扎根A股的大门。在资本市场设立科创板，是落实创新驱动发展战略，增强资本市场对提高关键核心技术创新能力服务水平，促进高新技术产业和战略新兴产业发展，完善资本市场基础制度，推动高质量发展的重大改革举措，是补齐资本市场服务科技创新短板的重大机遇，也是完善市场基础制度的重大突破口。

科创板重点支持新一代信息技术、高端装备、新材料、新能源、节能环保以及生物医药等高新技术产业和战略性新兴产业，推动互联网、大数据、云计算、人工智能和制造业深度融合，引领中高端消费，推动质量变革、效率变革、动力变革，从而驱动经济富有科技创新式的结构转型，提升经济的竞争力。

第六章　河南省在辅导科创企业分析

在河南省上市的79家企业里，属于农、林、牧、渔业有3家，属于"采矿业"的有4家，这些行业已经属于夕阳行业或者是属于较低端的行业。而处于信息传输、软件和信息技术服务业的仅2家，科学研究和技术服务业仅1家，制造业高达60家。一方面表明河南省的企业中大多数属于低利润或者低技术水平的非优质企业；另一方面也反映河南省的整体科创能力不强。

目前区域间竞争的主要角度已经演变为对未来的竞争，而对未来的竞争便是科创能力的竞争。为了提高河南省的经济竞争力，河南省有必要提高本地科创能力。以郑州为例，郑州市为了引进高水平人才，自2016年起已经施行多条吸引人才落户的方法。但在资金吸引方面，河南省并不具有较大的优势，而科创板的设立则给河南省提升科技创新能力带来了极大推动力。首先，由于科创板进入门槛相对较低，可以使许多小微型企业进入资本市场获得发展资金；其次，由于科创板的自身特点，许多具有优质发展势头的科技型企业，可以在科创板上将其创新能力转化为实际生产能力，进而促使科创能力的进一步提升。

四、有利于提高河南经济发展质量

实际上，科创板是一个市场化和法治化要求更高的资本市场，这要求无论是目标企业自身还是证券公司亦或其从业人员，都要具有较高的素质和能力。因而使得企业和相关从业人员必须提高自身能力与专业素养，进而提高其服务本地经济发展的能力，更好的助力本地经济发展。

在过去，河南省经济增长主要依靠矿产等自然资源的开采、重型工业企业的生产或者低水平的重复性生产活动，经济发展质量不高，随着环保要求的提高以及生产成本的大幅上涨，原有的生产和增长模式已经不适用现在以及未来的发展。科技创新成为了河南省经济进一步增长的瓶颈，并且在河南省经济发展过程中扮演的作用越来越重要。但由于各种因素的制约，河南省本地型科技创新企业数量较少、创新能力较弱，其中一个重要影响因素便是缺少发展资金。

随着科创板的设立,一大批科技创新型企业可以通过上市来获取企业发展资金,进一步推动企业科技创新能力和企业发展能力,进而推动河南省整体科创能力的提升。

第四节 河南省为进军科创板所做的努力

科创板自提出以来,一举一动都牵动着人们的心,各省都在积极响应这一战略号召,紧锣密鼓地为科创企业登录科创板做准备,科创板的问世,是河南省经济转轨的重要机遇,自然不能错过这一大好机遇。2018年12月4日,河南省地方金融管理局联合发布了《关于做好上海证券交易所科创板上市后备企业摸排工作的通知》,要求河南省辖市及省直县(市)金融办及科技局做好科创板上市后备企业摸排工作。2019年1月下旬,河南证监局、河南省科技厅、河南省地方金融监督管理局就科创板的前期准备工作进行了交流。3月14日还在郑州举办了"河南省科创板重点后备企业上市座谈会",会上对企业上市科创板相关知识进行解读,动员和鼓励科创企业在科创板上市。各个市区也不断出台相关金融服务意见,紧跟科创板动态,摸排和辅导符合科创板条件的企业。会后,60家科创板后备企业正式亮相,据统计,其中31家企业已在新三板挂牌,当中也不乏"硬核"科技创新企业,比如,兰考的慧云股份是全国最大的分布云网络平台综合服务提供商和城市大数据运营商。河南仕佳光子科技股份有限公司,其产品PLC光分路器芯片,在2012年面世的时候是国内第一家,也是当时国内唯一的能够量产该芯片的企业,打破该市场被国外厂商长期垄断的局面。后备企业中有28家已是我省在辅导企业,17家是新三板挂牌企业(见表6-4)。

表6-4 河南在辅导科创板后备企业名单
（截至2019年3月28日）

地市	公司名称	辅导机构	所属行业
郑州市	富耐克超硬材料股份有限公司	中原证券股份有限公司	非金属矿物制品业
郑州市	郑州威科姆科技股份有限公司	天风证券股份有限公司	软件和信息技术服务业
郑州市	正星科技股份有限公司	安信证券股份有限公司	专用设备制造业
郑州市	盛世生态环境股份有限公司	国泰君安证券股份有限公司	建筑装饰和其他建筑业
郑州市	河南百川畅银环保能源股份有限公司	中原证券股份有限公司	电力、热力生产和供应业
郑州市	郑州捷安高科股份有限公司	民生证券股份有限公司	软件和信息技术服务业
郑州市	郑州速达工业机械服务股份有限公司	国信证券股份有限公司	批发业
郑州市	河南润弘制药股份有限公司	中信证券股份有限公司	医药制造业
郑州市	郑州信大捷安信息技术股份有限公司	中原证券股份有限公司	软件和信息技术服务业
洛阳市	洛阳众智软件科技股份有限公司	国都证券股份有限公司	软件和信息技术服务业
洛阳市	洛阳中超新材料股份有限公司	海通证券股份有限公司	非金属矿物制品业
洛阳市	洛阳建龙微纳新材料股份有限公司	中天国富证券有限公司	化学原料及化学制品制造业
新乡市	新乡市瑞丰新材料股份有限公司	东兴证券股份有限公司	化学原料及化学制品制造业
新乡市	河南科隆新能源股份有限公司	国泰君安证券股份有限公司	化学原料及化学制品制造业
新乡市	山水环境科技股份有限公司	中航证券有限公司	土木工程建筑业
许昌市	河南万里交通科技集团股份有限公司	中原证券股份有限公司	土木工程建筑业
许昌市	许昌金科资源再生股份有限公司	国金证券股份有限公司	公共设施管理业
许昌市	河南红东方化工股份有限公司	中国民族证券有限责任公司	化学原料及化学制品制造业
周口市	河南凯旺电子科技股份有限公司	中原证券股份有限公司	专用设备制造业

续表

地市	公司名称	辅导机构	所属行业
周口市	河南金丹乳酸科技股份有限公司	国金证券股份有限公司	食品制造业
南阳市	金冠电气股份有限公司	招商证券股份有限公司	电气机械及器材制造业
焦作市	焦作科瑞森重装股份有限公司	中国民族证券有限责任公司	通用设备制造业
焦作市	河南永威安防股份有限公司	民生证券股份有限公司	建筑材料
濮阳市	濮阳蔚林化工股份有限公司	宏信证券有限责任公司	化学原料及化学制品制造业
鹤壁市	天海汽车电子集团股份有限公司	招商证券股份有限公司	汽车制造业
商丘市	河南省力量钻石股份有限公司	长江证券承销保荐有限公司	非金属矿物制品业
安阳市	河南翔宇医疗设备股份有限公司	海通证券股份有限公司	仪器仪表制造业

从地域分布来看，河南在辅导企业名单中郑州市有9家企业、洛阳市有3家、新乡和许昌市都是3家企业、周口和焦作各有2家企业，濮阳、鹤壁、商丘、安阳和南阳各有1家企业。

从辅导机构来看，中原证券股份有限公司辅导企业最多，包括5家企业、国都证券辅导2家企业，中国民族证券、招商证券、民生证券、海通证券、国都证券、国泰君安各辅导2家企业。

从行业分布来看，5家企业属于化学原料及化学制品制造业、4家企业属于软件和信息技术服务业、3家企业属于非金属矿物制品业、专用设备制造业和土木工程建筑业各有2家企业。其中，郑州威科姆科技股份有限公司、郑州信大捷安信息技术股份有限公司的业务范围在全国都有布局，是河南省高科技领域的明星企业。

第七章　河南省上市公司大事记（2018）

2018年河南省境内上市公司共计79家，新增1家上市公司郑州银行。其中，郑州市25家、洛阳市10家、焦作市7家。①

1. 许继电器股份有限公司（证券代码：000400）

1月29日，许继集团荣获中国能源企业信息化产品技术及管理创新奖。

7月13日，第十四届"中国机械工业百强、汽车工业三十强企业信息发布会"在山东省临沂市召开，会议发布了2017年度中国机械工业百强企业名单，许继集团再次荣登中国机械工业百强企业榜，排名第19位，较2017年提升5个位次。

11月9日，许继集团11项科技成果通过中国机械工业联合会权威鉴定。

12月21日，许继集团"绿叶"QC小组一枝独秀喜获国家电网公司"优秀QC小组"。

12月29日，许继集团与武汉里得电力科技股份有限公司举行合资项目签约仪式。

2. 中原环保股份有限公司（证券代码：000544）

9月18日，中原环保股份有限公司与中国市政工程华北设计研究总院有限公司签订战略合作协议。

11月30，中原环保继获得"精确曝气软件系统""智能除磷软件系统""智能消毒软件系统"三项国家计算机软件著作权后，又喜获

---

① 河南省上市公司2018年大事记的编排按照证券代码顺序，由小到大进行编写，在此基础之上按照时间先后顺序进行编排。

"进水提升泵自动控制软件系统""内外回流泵自动控制软件系统""粗格栅自动控制软件系统"和"V型滤池自动控制软件系统"四项国家计算机软件著作权。

3. 焦作万方铝业股份有限公司（证券代码：000612）

7月6日，焦作万方铝业股份有限公司（电解铝厂区）清洁生产审核第一次公示与焦作万方铝业股份有限公司（热电厂厂区）清洁生产审核第一次公示。

4. 智度投资股份有限公司（证券代码：000676）

10月26日，智度集团在北京举办了旗下深圳惠信新兴产业基金（简称深证惠信基金）合伙协议的签署仪式。智度集团邀请了基金投资方以及部分重要的合作伙伴共同见证深圳惠信基金设立。

12月11日，智度集团投资开发坝上生态游、头沟温泉冰雪旅游小镇等项目并与承德市成功签约。

5. 中原大地传媒股份有限公司（证券代码：000719）

7月28日，河南科学技术出版社有限公司（中原大地传媒股份有限公司所属）与广东教育出版社有限公司战略合作协议签字仪式在广州举行。

12月14日，河南新华印刷集团（中原大地传媒股份有限公司所属）荣获中国环境标志产品认证机构中环联合（北京）认证中心授予的"2016年度中国环境标志优秀企业奖"。中国环境标志产品认证是我国最有权威、要求最严格的环保认证。

6. 河南城发环境股份有限公司（证券代码：000885）

9月11日，同力水泥发布公司名称及经营范围完成工商变更登记的公告，公司名称变更为河南城发环境股份有限公司，公司已于9月10日完成工商变更登记手续并取得新的《营业执照》。

7. 河南双汇投资发展股份有限公司（证券代码：000895）

11月30日，河南双汇荣获"21世纪中国最佳商业模式奖"。

8. 河南神火煤电股份有限公司（证券代码：000933）

7月28日，公司电解铝产业挺进云南"一基双翼"产业构架显现。

9. 新乡化纤股份有限公司（证券代码：000949）

8月20日，公司合资Lyocell项目荣获2018年度"纺织之光"科学技术一等奖。

12月27日，2018河南企业100强名单公布，公司再次榜上有名，位居64位。

10. 河南豫能控股股份有限公司（证券代码：001896）

4月3日，南阳天益7MWp光伏电站项目通过环保竣工验收。

11. 华兰生物工程股份有限公司（证券代码：002007）

5月21日，"大流行流感和季节性流感新型疫苗研究及应用"研讨会在中原经济区生物医药产业园举办。

9月2日，公司董事长安康先生荣膺"纪念改革开放40年医药产业功勋人物"。

9月10日，世界流感大会于北京召开之际，华兰生物在中国疾控中心传染病预防控制室主任冯录召、美国CDC流感中心JoeBresee的见证下，通过美国TaskForce公司向摩尔多瓦、阿尔巴尼亚等发展中国家捐赠18万人份流感病毒裂解疫苗，用于这些国家防控流感疫情。

12. 洛阳轴研科技股份有限公司（证券代码：002046）

洛阳轴承研究所有限公司董事长、党委书记王景华与陕西汉德车桥有限公司副总经理王怡枫代表双方企业签订战略合作协议。

3月9日，洛阳轴承研究所有限公司与洛阳市人诚轴承配件有限责任公司合作组建联合技术中心在洛阳孟津县揭牌。

13. 河南新野纺织股份有限公司（证券代码：002087）

1月25日，新野纺织16.5万锭棉纺扩建项目在新疆成功落地。

6月6日，新野纺织与东华大学签订协议，在新野纺织建立俞建勇院士工作站，进一步提升企业科技创新和产品研发能力。

14. 河南恒星科技股份有限公司（证券代码：002132）

11月10日，国家工业和信息化部发布《第三批制造业单项冠军企业和单项冠军产品名单》，恒星科技子公司巩义市恒星金属制品有限公司在"钢芯铝绞线用镀锌钢绞线"领域荣获"制造业单项冠军示范企业",成为全国金属制品同行业中唯一获此殊荣的企业。

15. 中航光电科技股份有限公司(证券代码:002179)

5月16日,中航光电科技股份有限公司与中国航空工业集团公司西安航空计算技术研究所战略合作协议签约仪式在西安顺利举行。

10月20日,中航光电助力"鲲龙"AG600成功水上首飞。

12月24日,本着"互惠互利、真诚合作、共同发展"的双赢原则,中航光电科技股份有限公司与上海核工程研究设计院有限公司签订战略合作框架协议。

16. 利达光电股份有限公司(证券代码:002189)

1月2日,中国质量认证中心专家审核组对利达光电股份有限公司GB/T19001—2016质量管理体系、GB/T14001—2016环境管理体系和GB/T28001—2011职业健康安全管理体系进行换版再认证。

17. 三全食品股份有限公司(证券代码:002216)

无。

18. 濮阳濮耐高温材料(集团)股份有限公司(证券代码:002225)

4月5日,濮耐股份隆重举办建厂三十周年暨上市十周年庆祝活动。

12月24日,公司非公开发行股票项目成功获得中国证券监督管理委员会核准。

19. 河南辉煌科技股份有限公司(证券代码:002296)

无。

20. 河南华英农业发展股份有限公司(证券代码:002321)

7月12日,教育部公布2017年度科学研究优秀成果奖(科学技术)获奖名单,由华英公司与宁波大学共同完成的《鸭鹅肉精深加工及其副产物综合利用技术创新与应用》项目榜上有名,喜获"科学技术进步奖一等奖",再次展现出华英在技术创新方面的卓越成就。

7月17日,在第十届中国食品安全论坛上,"2017—2018年度食品安全创新技术、示范项目"正式发布，华英农业发展股份有限公司的"全产业链食品安全保障体系"科研成果被评为示范项目。

10月9日，农业农村部公布了2018年新增的95家国家农产品加工技术研发专业中心名单，其中在畜产加工领域的16家企业中，华英公司榜上有名，正式成为"国家禽肉加工技术研发专业中心"依托建设单位。

21. 河南森源电气股份有限公司（证券代码：002358）

8月5日，森源电气自主研发的核电1E级交流中压、低压开关柜通过中国机械工业联合会组织的技术鉴定，鉴定结果为"综合技术性能达到国际领先水平"。

10月9日，河南森源电气股份有限公司获得国家核安全局颁发《民用核安全设备设计许可证》及《民用核安全设备制造许可证》。

22. 许昌远东传动轴股份有限公司（证券代码：002406）

5月30日，《中国汽车零部件产业发展研究》成果发布会暨"强国之基——中国优秀汽车零部件企业"颁奖典礼在西安召开。许昌远东传动轴股份有限公司作为国内非等速传动轴行业的龙头企业，应邀出席本次活动，并在"强国之基——中国优秀汽车零部件企业"评选中荣获"中国制造功勋奖"。

8月25日，远东公司荣获"河南省优秀非公有制企业（成长创新型）"，董事长刘延生荣获"优秀中国特色社会主义事业建设者"，并作为代表上台，领取光荣册。

23. 多氟多化工股份有限公司（证券代码：002448）

3月28日，多氟多公司"六氟磷酸锂的制备方法"荣获二等奖。

11月14日，经国家人力资源社会保障部、全国博士后管委会联合发文（人社部函〔2018〕127号）批准全国399个单位设立博士后科研工作站，多氟多化工股份有限公司历经半年的严格审核、筛选、专家评议、来司考察等环节后获批设立"国家博士后科研工作站"。

12月7日，纪念改革开放40周年暨第四届中国石油和化学工业企业文化促进大会在乌鲁木齐举行。中国石油和化学工业联合会党委书记、会长李寿生出席会议做行业宏观运行报告，副会长刘双鑫代表中化政研会作工作报告。会议表彰了一批企业文化建设示范单位和先进单位。多氟多继 2015 年后再次荣获中国石油和化学工业企业文化建设示范单位。

24. 中原特钢股份有限公司（证券代码：002423）

5 月 2 日，经过全体员工齐心协力，成功实现 P92 连铸五炉连浇。P92 连铸坯是公司重点产品，因冶炼工序复杂，合金元素含量高，单炉冶炼和每个浇次冶炼周期长，以前最多四炉连浇。为提高连浇炉数，降低生产成本，高洁净钢公司在连续冶炼多浇次四连浇的基础上，研究冲刺五炉连浇。为此，高洁净钢公司技术科技术人员在总结四连浇经验的基础上，制定了五连浇的冶炼工艺和生产组织方式。

5 月 3 日，经河南省铸锻工业协会评选委员会专家依据《评价指标体系》评审，公司申报的"限动芯棒"产品锻件获得了河南省铸锻工业协会"翔宇杯""优质锻件金奖"证书及奖牌。

8 月 30 日，河南省国防科工局一行 4 人，对公司进行武器装备科研生产许可年度监督抽查，公司顺利通过武器装备科研生产许可监督检查。

25. 中原内配集团股份有限公司（证券代码：002448）

10 月 16—18 日派出审核组，按照德国 VDA6.3 质量管理体系和戴姆勒极其严苛的个性化技术标准，对中原内配集团的成品生产线进行了 PPAP 审核，最终打出了 94.4 的高分，标志着中原内配集团的成品关键技术、批产能力、检测手段、管理水平完全能够满足戴姆勒的要求，获得了成品批产资格，中原内配集团的成品从 2018 年 12 月 1 日起，将正式装入戴姆勒德国曼海姆的战略发动机中。

12 月 13 日，在中国首届"铁肩奖"商用车及零部件年度人物评选颁奖典礼上，评审会对中原内配集团董事长薛德龙抓住改革开放发展机遇，勇担零部件行业发展重任，潜心在发动机动力领域深耕几十年，领导和推动行业技术进步，始终保持与全球高端发动机技术同步，一步步把中原内配做成了世界品牌这一历程中所取得的突出成就给予了极高评价,并授予薛董事长首届"铁肩奖"零部件年度人物,接受行业致敬。

26. 雏鹰农牧集团股份有限公司（证券代码：002477）

1月17日,郑州市工商联在郑州召开十八届二次主席会议及执委会议。会议审议通过了郑州市工商联十八届二次执委会议议程,同时审议通过了《郑州市工商联十八届二次执委会议工作报告》（草案）;会议决定,授予雏鹰农牧集团股份有限公司"2017年度郑州市工商联（商会）精准扶贫突出贡献奖"。

5月10日,河南郑州中大门E贸易博览交易中心全面对外开放。作为该中心的一大亮点,公司所属雏牧香E–WTO跨境电商馆120平方精选店强势入驻世界E贸易博览交易中心1号馆的出口良品展区,来自全国乃至全球的重量级组织都将感受雏牧香猪肉的魅力。

9月13日,民政部发布《关于表彰第十届"中华慈善奖"获得者的决定》,雏鹰农牧集团董事长兼首席执行官侯建芳荣列"捐赠个人"表彰名单。

11月7日,首届中国国际进口博览会期间,由国家商务部下的中国欧洲经济技术合作协会主办,雏鹰农牧集团独家承办的中国国际食品安全与营养健康产业发展论坛在上海国家会展中心隆重举行。

27. 林州重机集团股份有限公司（证券代码：002535）

4月11日,中船重工713所与我公司的签约仪式在市政府举行。省国防科工局副局长袁玉新、军民结合推进处处长于红兵,中船重工713所所长庞国华、副所长都军民,海军驻郑州地区军代表,林州市市长王宝玉、红旗渠经济技术开发区党工委副书记郝泉吉,林州重机集团董事长郭现生、总经理郭钏及高管出席了签约仪式。

9月4日,中国铸造协会汽车铸件分会第四届理事会在林州重机集团第二会议室隆重召开。会上,林州重机集团总经理郭钏等4人当选为第四届理事长。

28. 河南省西峡汽车水泵股份有限公司（证券代码：002536）

6月9日，公司被授予2017年度福特奇瓦瓦发动机工厂百家最佳卓越质量管理奖。获奖原因主要是：2017年公司为奇瓦瓦发动机工厂供排气歧管近45万支，全年零PPM，零质量抱怨。

8月10日，由英国BSI公司专家组成的审核组莅临公司，对公司EHS体系进行年度审核，审核组冒着高温，深入车间库房，详细审核了EHS体系在公司的运行情况，经过五天认真细致的审核，认定公司EHS体系运行状况良好，未发现严重不符合项，审核组长李天奎宣布公司顺利通过EHS体系年度审核。

9月1日，公司总经理孙耀忠荣获"中国汽车产业纪念改革开放40周年杰出人物"称号，并受邀参加表彰活动。

29. 河南通达电缆股份有限公司（证券代码：002560）

11月16日，公司成为南方电网乌东德电站送电广东广西特高压多端直流示范工程线路材料的中标候选人，中标物资为800千伏钢芯铝绞线，中标物资总价值共计人民币1.07亿元，约占公司2017年度营业收入的6.51%。

12月8日，由《大众证券报》与南京师范大学商学院、江苏省创新经济研究基地联合主办，新浪财经协办的"鼎新赋能·2018中国A股上市公司创新指数排行榜发布暨第十三届中国上市公司竞争力公信力调查评选颁奖高峰论坛"在江苏南京成功举办。会上，公司董事、副总经理、董事会秘书张治中发表题为《稳健经营，在创新中前行》的主题演讲。

30. 好想你枣业股份有限公司（证券代码：002582）

6月12日，在2018全国企业家活动日郑州会场活动中，由郑州市企业联合会、企业家协会，工业经济联合会主办的郑州转型创新杰出企业及郑州杰出企业家评选表彰大会上，好想你健康食品股份有限公司脱颖而出、金榜题名，荣膺"郑州转型创新杰出企业"。

11月15日，郑州好想你实业有限公司郑州港区智选假日酒店建设项目竣工环境保护自主验收公示。

31. 龙蟒佰利联集团股份有限公司（证券代码：002601）

8月8日，龙蟒佰利联集团荣获"河南省优秀非公有制企业"称号，党委书记、董事长许刚被授予"全省优秀中国特色社会主义建设者"荣誉称号。

12月11日，龙蟒佰利联集团20万吨/年氯化法项目银团签约仪式在总部举行。中国进出口银行河南省分行党委书记、行长吴启金、行长助理王鸿智、业务一处处长刘航，中国工商银行焦作分行党委书记、行长马世良，副行长张治国，公司总部总经理马小明、集团董事长许刚、财务总监申庆飞、新材料公司董事长刘红星等参加仪式。进出口银行河南省分行行长助理王鸿智主持。

12月21日，龙蟒佰利联集团在总部与南漳县政府签订了《龙佰集团继续扩大钛白粉产业链项目投资战略合作框架协议》。此举将进一步加强公司与南漳县人民政府的合作，有利于发挥资源和技术优势，进一步整合钛白粉产业链，形成更加紧密的多方合作共赢局面，有助于促进襄阳公司更快更好的发展，同时促进南漳经济发展，对促进双方发展具有深远的战略意义。

32. 洛阳北方玻璃技术股份有限公司（证券代码：002613）

11月29日，在召开的洛阳市促进民营经济健康发展大会上，印发了市委、市政府《关于促进民营经济高质量发展营造企业家健康成长环境的意见》和《洛阳市优化营商环境三年行动方案（2018—2020年）》等文件，通报表彰了一批优秀民营企业和非公有制经济人士优秀中国特色社会主义事业建设者，洛阳北方玻璃技术股份有限公司作为洛阳市优秀民营企业（行业领军型）在大会上受到了表彰。

33. 牧原食品股份有限公司（证券代码：002714）

4月19日，牧原与扶沟县政府举行产业扶贫签约仪式，推动"5+"扶贫模式实现对当地3814户建档立卡贫困户的全覆盖。

6月20日，杞县"金融助推产业扶贫合作协议签约仪式"在杞县政府隆重举行，杞县人民政府、中国农业发展银行开封分行、牧原三方为落实金融扶贫政策，推进产业扶贫发展，共同签订"金融助推产业扶贫合作协议"，创新实施资产收益扶贫新模式。

7月13日，牧原与中华联合财产保险股份有限公司（简称中华财险）、中国东方资产管理股份有限公司（简称东方资产）北京分公司战略合作协议签约仪式在京举行。中华财险董事长梅孝峰；东方资产北京市分公司总经理周继东，副总经理杨文捷；农业部规划设计研究院工程师程泽南；牧原党委书记、董事长秦英林，常务副总经理曹治年，副总经理秦军等出席签约仪式。

11月20日，由财新数据与商道融绿联合主办的2018中国ESG论坛在京举办。本次论坛主题为"坚守长期价值，提速责任投资"，现场发布了国内第一个基于上市公司ESG绩效的"2018年中国ESG美好50指数成分股"。基于牧原股份长期在食品安全、环境保护、社会责任等方面的长期实践，公司成功入选2018年中国ESG美好50指数成分股，成为本次论坛唯一一家入选该指数的农牧企业。

34. 河南科迪乳业股份有限公司（证券代码：002770）

7月3日，河南科迪乳业股份有限公司在古城开封召开2018年全国经销商大会，此次大会有近千名来自全国各地的优秀经销商参加。

11月22日下午，20余名驻豫全国人大代表在河南省人大常委会副主任张维宁的带领下莅临科迪乳业常温奶分公司视察调研。全国人大代表、商丘市长张建慧，虞城县委书记朱东亚，集团公司总裁助理谢进才、科迪乳业总经理张枫华等陪同。

35. 郑州三晖电气股份有限公司（证券代码：002857）

无。

36. 郑州银行股份有限公司（证券代码：002936）

6月2日，由《银行家》杂志社、中国社会科学院金融研究所财富管理研究中心、中央财经大学互联网经济研究院共同主办的中国金融创新论坛暨"2018中国金融创新奖"颁奖典礼在北京永泰福朋喜来登酒店举行。郑州银行再次亮相并斩获新殊荣。

12月11日,河南省企业联合会、河南省企业家协会发布2018年河南企业100强名单,郑州银行成功入选并位列第16位,居省内金融机构首位。这是郑州银行继2016年后第二次入选,代表了社会对郑州银行在河南省的市场竞争力、影响力的充分认可。

12月28日,河南九鼎金融租赁股份有限公司正式获得中诚信国际信用评级有限责任公司给予的AAA级主体信用评级,评级展望为稳定,迈出了做强做实九鼎金租的重要一步。

37. 河南汉威电子股份有限公司(证券代码:300007)

7月18日,汉威科技集团与浪潮集团签署工业互联网战略合作协议,双方将基于各自优势领域,加强资源共享与互补,开展全方位合作,共同打造工业互联网新生态。

10月25日,汉威科技集团与和利时战略合作签约仪式在和利时北京基地顺利举行,双方将通过整合各自优势资源,在现场仪表与自动化控制方面形成联动机制并发挥协同效应,共同为促进我国工业安全发展贡献力量。

12月28日,汉威科技集团与郑州大学合作共建的"郑州大学汉威物联网研究院"揭牌,汉威科技集团开启校企合作新模式。创新型科技企业与"双一流"高校"牵手",强强联合,打造物联网领域产学研合作平台。

38. 郑州华晶金刚石股份有限公司(证券代码:300064)

2月24日,郑州高新区2017年工作总结表彰暨建设千亿级世界一流高科技园区誓师大会在郑州高新技术产业开发区管理委员会报告厅隆重举行,郑州高新区管委会领导班子、驻区单位领导及高新区各企业代表参加了本次会议。郑州华晶金刚石股份有限公司荣获"2017年度郑州高新区高成长企业"称号,在69家高成长企业中位列第6名。

12月4日,郑州华晶金刚石股份有限公司和河南机电职业学院联合申报"河南省超硬材料智能制造集成重点实验室"获批2018年度河南省省级重点实验室。

12月12日,来自五大日本电视台之一的东京电视台《未来世纪》栏目组导演北条先生、摄像师山森先生与日本培育钻石代理商代表伊藤先生等一行5人来到郑州华晶金刚石股份有限公司进行了为期3天的拍摄,同时华晶公司应邀录制培育钻石行业纪录片《世界趋势——培育钻石的崛起》。

39. 河南易成新能源股份有限公司（证券代码：300080）

5月28日,"SNEC第十二届（2018）国际太阳能光伏与智慧能源（上海）展览会暨论坛"在上海新国际博览中心隆重举行。河南易成新能源股份有限公司在W2馆560展台与行业伙伴如期见面,此次公司展示了高效单晶硅电池片、电镀金刚线、石墨负极材料等新能源、新材料产品,展示了公司良好形象、巩固了现有合作关系、发掘了大批潜在客户,为开拓市场奠定了夯实基础。

40. 博爱新开源制药股份有限公司（证券代码：300109）

3月10日,经研究决定,原公司将启用新公司名称:"博爱新开源医疗科技集团股份有限公司"。

10月9日,世界制药原料展（CPhI Worldwide 2018）在西班牙首都马德里圆满落幕,公司在本届展会取得丰硕成果。本届展会公司以介绍推广高端医药辅料产品为主,迎合国际医药高端市场的要求以及国际跨国制药企业的进入标准,公司对产品质量和包装都进行优化升级的有关计划也向客户进行了沟通,为打入国际高端医药市场奠定基础。

41. 河南四方达超硬材料股份有限公司（证券代码：300179）

5月25日,河南省工业和信息化委员会公布了《2018年河南省质量标杆企业名单》,四方达公司凭借"实施商务智能（BI系统）提升经营质量管理水平"的典型经验,被授予"2018年河南省质量标杆企业"荣誉称号。

9月26日,四方达公司取得三项国家知识产权局颁发的专利证书,专利名称分别为:一种热稳定型高抗冲击聚晶金刚石复合片及制造方法，专利类型为发明专利；另一种复杂硬质岩层钻探用高抗冲击型非平面聚晶金刚石复合片、可自转分体式大合金聚晶金刚石公路齿，该两项为实用新型专利。

10月26日，郑州市工业和信息委员会传来喜讯，四方达公司入选"2018年郑州市建设中国制造强市奖补专项资金（工业和信息化类）"项目名单，成为郑州市2018年首批认定的"智能制造示范企业"。

42. 新开普电子股份有限公司（证券代码：300248）

1月10日，智联招聘2017中国年度最佳雇主郑州颁奖盛典在万达文化酒店隆重举行，本届年度最佳雇主盛典以"数字驱动智造未来"为主题，正式揭晓了郑州地区最佳雇主十强以及最具发展潜力雇主名单。新开普凭借不断提升的雇主形象以及独有的人才管理模式，从众多参选的优秀企业中脱颖而出，荣获"2017年中国年度最佳雇主郑州十强雇主"奖项。

4月25日，新开普与招联金融在郑州签订战略合作协议，双方将在大学生消费金融、信用支付等领域开展业务合作，同时拓展商城、教育培训等场景分期服务，并在此基础上积极探讨大数据应用、征信体系等新型合作领域，推动双方业务共同发展，共同为大学生建立优质的信用生活，打造大学生专属的普惠金融服务体系。

43. 新天科技股份有限公司（证券代码：300259）

11月30日，新天科技运维服务中心揭牌，助力内蒙古农业水利信息化建设。

12月3日，2018年国际电信联盟物联网和智慧城市研究组全体会议在江苏无锡启幕，来自全球50多个国家代表团出席会议，共享、共商人工智能、物联网聚合赋能城市智慧升级发展大计，新天科技受邀出席。

44. 洛阳隆华传热节能股份有限公司（证券代码：300263）

无。

45. 河南清水源科技股份有限公司（证券代码：300437）

3月21日，河南清水源科技股份有限公司研发中心、（济源）营销中心、清水源中科院生态环境研究中心土壤污染防治与生态修复工程技术研发中心揭牌仪式在研发中心隆重举行。

5月25日，由中科院过程工程研究所承办，生态环境部水专项办公室和河南清水源科技股份有限公司协办的"第三届化学与环境工程前沿论坛"在北京西郊宾馆举行。公司董事长、总裁王志清作为受邀专家在论坛发言，副董事长赵卫东、刘永辉等领导参加了会议。

46. 光力科技股份有限公司（证券代码：300480）

4月14日，现场评审在顺利通过，并在4月16日上午正式取得KJ835X煤矿安全监控系统的安标证书。该证书的获得，证明了光力科技高水准的煤安监控系统安标资质，同时也有利于助力我们销售一线同仁们。据了解，光力科技已经成为全国第11家取得满足煤矿安全监控系统升级改造方案要求的煤矿安全监控系统安标证书的厂家。

11月6日，经过与多家实力雄厚的公司激烈竞标，苏州莱得博过关斩将，成功中标山东富锐激光器生产项目。苏州莱得博微电子科技有限公司作为光力科技股份有限公司进军半导体行业以来专注于半导体装备领域的子公司，自成立以来，在光力总公司"热情、主动、专业、高效"的服务管理理念的引导下，公司迅速发展。面对半导体高端装备多家实力公司，苏州莱得博乘风破浪，砥砺前行，不断打攻坚战。随着中国半导体热的浪潮，给中国半导体高端装备制造商也带来了前所未有的机遇，苏州莱得博微电子科技有限公司秉承光力总部"无业可守，创新图强"的发展理念，一步一个脚印，立志"从中国起步，在世界的舞台表演"。

47. 濮阳惠成电子材料股份有限公司（证券代码：300481）

11月28日，公司响应国家号召，推进绿色工厂建设，加大在环境治理及保护的资金投入，力做行业内绿色制造的先行企业，经过国家专业评审，公司被评为国家绿色工厂。

48. 南阳森霸光电股份有限公司（证券代码：300701）

无。

49. 河南省交通规划设计研究院股份有限公司（证券代码：300732）

6月29日，交通运输部安全与质量监督管理司公布了2017年度公路水运工程试验检测信用评价结果，公司所属检测科技公司被评为AA级，这是继2009年开始进行公路水运工程试验检测信用评价以来，检测科技公司第七次被评为AA级。

8月31日，公司城市交通与地下工程设计院连续获得四项软件著作权，分别是公路隧道通风控制数据管理系统、公路隧道通风优化设计数据统计软件、公路隧道通风优化设计之横通道防护门绘制系统及特长公路隧道通风斜井绘制系统。

9月6日，交通运输部对公司编制的《郑阜铁路跨沙颍河特大桥航道通航条件影响评价报告》《郑阜铁路跨贾鲁河特大桥航道通航条件影响评价报告》（简称《两航评报告》）组织了以部原总工徐光为组长的专家评审。与会专家和代表经过听取项目工程报告编制单位对桥梁建设方案的介绍、公司对《两航评报告》编制情况与主要内容的汇报以及第三方技术咨询单位对项目技术咨询情况的报告，一致认为《两航评报告》资料翔实，内容全面，研究方法正确，论证充分，符合有关法律、法规和技术标准的要求，结论可信。

9月27日，公司与中国中铁十四局集团有限公司进行首次高层交流会暨战略合作协议签字仪式，中铁十四局集团海外指挥部副部长郑茂旺、海外公司总经理李军强、海外公司副总经理刘志远、董光贤，公司董事长常兴文、副总经理王世杰、投资与战略发展部部长余正武等相关部门人员参加了会议。

10月12日，河南省工程咨询协会近日进行了"2018年度河南省优秀工程咨询成果奖"的评选活动，经过协会组织专家进行评选、公示，我公司共获得奖项9项。具体获奖情况如下：

一等奖4项：《高速公路下伏采空区沉陷机理及治理关键技术研

究》《河南省高速公路多义性路径识别系统建设方案》《援柬埔寨国家路网规划项目》《郑州至西峡高速公路栾川至双龙段工程可行性研究报告》。

二等奖 3 项：《国道 230 封丘至开封黄河大桥及连接线工程可行性研究报告》《河南省交通运输厅行政执法综合管理平台（二期）建设工程可行性研究报告》《连霍二广高速联络线（新安至伊川高速）工程可行性研究报告》。

三等奖 2 项：《河南省邮政业发展"十三五"规划》《郑州市快速通道及干线公路安全服务综合整治工程可行性研究报告》。

11 月 27 日，公司与北京超图股份有限公司战略合作伙伴签约仪式在公司 1104 会议室举行。北京超图软件股份有限公司集团助理总裁翟利辉及随行人员，公司总工程师刘东旭、首席设计师、技术质量部部长杜战军、工程 BIM 研发中心主任张贵婷及部门相关人员参加了仪式。

50. 河南中原高速公路股份有限公司（证券代码：600020）

无。

51. 郑州宇通客车股份有限公司（证券代码：600066）

4 月 22 日，宇通打造的行业首个交通安全教育馆，在郑州市中小学体验式安全教育基地举行开幕仪式。

6 月 27 日，宇通承担的"国家电动客车电控与安全工程技术研究中心"，接受科技部专家组的现场评审，并顺利通过考核验收。

7 月 2 日，2018 世界杯"一带一路"中俄国家品牌合作论坛，在莫斯科红场古姆会议中心隆重举行。作为中国品牌的杰出代表，宇通在论坛上奉献了精彩的"宇通时间"，并成为中国国家品牌中心的首批成员。中国驻俄罗斯大使李辉出席论坛并对宇通给予盛赞。

11 月 29 日至 12 月 1 日，首届全国新能源公交车性能测评赛在重庆举行。本次比赛共吸引了 11 家国内主流客车企业的 16 款车型参赛。宇通派出的 ZK6105BEVG59 和 ZK6125BEVG59E 两款产品，在"节能""续驶里程""动力性""综合性能"等方面，以优异成绩包揽全部八个奖项,其中五个单项第一,两个综合第一,并摘得本次大赛两个系列唯一的"全能奖",实现大满贯。

12月4日,《人民日报海外版》以《民企画好"一带一路工笔画"》为题,对宇通等企业积极开拓"一带一路"沿线市场并取得显著成效进行报道。

52. 河南银鸽实业投资股份有限公司（证券代码:600069）

4月26日,河南省庆祝五一国际劳动节暨五一劳动奖和工人先锋号表彰大会在郑州隆重召开,河南银鸽实业投资股份有限公司被河南省总工会授予河南省"五一劳动奖状"荣誉称号。

7月5日,公司员工获漯河市钳工、焊工技能大赛冠亚军。

12月26日,河南省质量A等企业认证培训班上传来喜讯,公司被授予河南省质量诚信AAA级企业。

53. 郑州煤电股份有限公司（证券代码:600121）

无。

54. 河南黄河旋风科技股份有限公司（证券代码:600172）

8月2日,郑州银行总部29楼会议厅,河南黄河旋风股份有限公司与郑州银行签署了战略合作协议。公司董事长乔秋生、王裕昌博士,郑州银行董事长王天宇、行长申学清等出席了签约仪式并做重要讲话。郑州银行给予黄河旋风30亿元人民币授信。

8月29日,"2018中国民营企业500强峰会"在辽宁省沈阳市召开。河南黄河实业集团股份有限公司作为非金属矿物制造业成功登陆榜单,并取得了2018年中国民营企业500强第281位,和2018年中国民营企业制造业500强第168位的好成绩,这是黄河集团连续六年登陆民企500强榜单。

55. 河南莲花健康产业股份有限公司（证券代码:600186）

1月16日,中国粮食行业协会公布了年度粮油加工企业"50强"名单,莲花健康旗下莲花面粉榜上有名。

2月5日,央视《新闻联播》头条以《聚焦农业供给侧结构性改革各地促进农业发展农民增收》为题,报道了莲花健康产业集团旗下健康食品板块莲花面粉公司莲花面粉出口德国,帮助农民增收,叩开了欧洲市场的大门,生产的高端面粉以每吨3万元的价格出口德国,点赞莲花面粉公司帮助企业和农民增收。

3月29日,莲花健康产业集团股份有限公司与河南荷乡有机农业有限公司在河南范县共青团县委书记的见证下,莲花健康产业集团旗下藕产品项目帮助河南范县陈庄镇当地藕农解决莲藕销路难题。

9月4日,公司味精产品受到美国最红亚裔大厨力挺。

56. 河南安彩高科技股份有限公司(证券代码:600207)

无。

57. 河南太龙药业股份有限公司(证券代码:600222)

2月1日,由河南省商务厅、省委宣传部、省发展和改革委员会、省精神文明建设指导委员会、省工信和信息化委员会、省质量技术监督局、省旅游局、省工商局、省国税局、省地税局等18个厅局委联合主办的2017河南省诚信兴商宣传月诚信经营大讲堂暨"诚实守信道德模范"颁奖盛典在河南省人民会堂隆重举行。太龙药业荣获"2017河南省守诚信立商信示范单位"。

10月10日,凭借长期以来对产品质量的不懈追求和雄厚的品牌实力,太龙药业获得了中国质量检验协会颁发的"全国质量诚信标杆典型企业""全国制药行业质量领军行业"证书,并在《中国质量报》《中国消费者报》上联合发布了质量诚信倡议公告。

58. 河南羚锐制药股份有限公司(证券代码:600285)

3月7日,羚锐制药与九州通医药集团签订年度战略合作协议。

11月2日,中国质量领域最高荣誉"中国质量奖"颁奖仪式在北京举行,羚锐制药凭借"以'精准用药、造福人类'为宗旨的质量管理模式"荣膺中国质量奖提名奖。

11月21日,由中国非处方药物协会统计的《2018年度中国非处方药企业及产品榜》公布,羚锐制药凭借2017年营业收入18.4852亿元

（2017年度报告），位居综合统计排名第27位，较2017年上升两个名次。

12月3日，由E药经理人和桑迪品牌咨询联合主办的"2018中国医药十大营销案例"颁奖盛典在广州隆重举行。羚锐制药通络祛痛膏荣获"2018中国医药十大营销案例"奖。

12月26日，河南省总工会、省扶贫办组织开展了选树和培养助力脱贫攻坚先进典型活动，并授予对在助力脱贫攻坚中做出突出贡献的河南羚锐制药股份有限公司等10家单位劳模助力脱贫攻坚"十面红旗单位"荣誉称号。

59. 河南平高电气股份有限公司（证券代码：600312）

12月21日，平高电气智能控制事业部认真落实公司决策部署，以"轻资产、多资质""小部门、大产业"为发展思路，整合内外部资源，聚焦移动/预装变电站、电力测控、仪器仪表和电控柜四个方向，实行产品培育和市场开拓并举，在110千伏移动变电站、110千伏预装变电站、10千伏移动充/变电站、输电线路分布式故障定位和一两次融合柱上开关改造等多个产品领域实现突破。成功中标贵州兴义110千伏车载移动式变电站项目。该项目由智能控制事业部自主研发设计，是目前国内最大容量110千伏车载移动式变电站。项目旨在为大数据产业提供高密度、24小时无间断供电保障。

60. 河南大有能源股份有限公司（证券代码：600403）

1月5日，公司旗下常村煤矿节能环保新项目顺利实施。

4月16日，公司2018年提交的房产税、土地使用税减免申请，经巩义市地方税务局审核，符合法定条件、标准，核准予以减免。公司已经连续两年获批地方税困难性减免，总计减免税额达846万元。

7月23日，公司旗下石壕煤矿以河南能源第一次党代会精神为指引，按照"创业与创新相结合，线上与线下相结合"的思路，积极搭建"双创"平台，扎实推进"大众创业万众创新"工作。

11月9日，河南省红十字会在郑州启动"生命接力大爱无疆"河南省非血缘关系造血干细胞捐献 700 例交接仪式。公司旗下千秋煤矿被授予"生命接力·公益责任榜样"荣誉称号。

11 月 10—11 日，国家煤矿安全监察局第二阶段煤矿安全生产标准化第二抽查组对大煤沟煤矿一级安全生产标准化进行抽查。大煤沟煤矿最终以 91.406 分的成绩顺利通过验收。

61. 河南瑞贝卡发制品股份有限公司（证券代码：600439）

3 月 28 日，2017 年度河南省餐饮与饭店行业协会百强企业及优秀个人颁奖典礼在郑州举行。河南瑞贝卡发制品股份有限公司旗下的许昌瑞贝卡大酒店常务副总经理许志敏，作为许昌市餐饮与饭店行业协会副会长出席此次颁奖典礼。会上，作为正餐企业的优秀代表，也是许昌唯一一家获此殊荣的企业，许昌瑞贝卡大酒店荣获"河南省餐饮百强企业"称号；与此同时，酒店的员工许志敏获"金鼎奖"、行政总厨孙俊华获"金厨奖"。

9 月 21 日，由省工商联主办的"2018 河南民营企业 100 强"发布会在郑州举行，公布入围企业榜单并颁发证书。瑞贝卡集团强势入围，名列榜单第 21 位；同时还入围"2018 河南民营企业现代服务业 100 强"。

12 月 11 日，从河南瑞贝卡发制品股份公司传来一则令人振奋的喜讯：公司旗下的抚顺瑞华纤维有限公司获批"国家高新技术企业"。获悉喜讯，郑有全董事长、郑文青总经理专门致电以示祝贺，并对该公司给予嘉奖。

62. 风神轮胎股份有限公司（证券代码：600469）

10 月 25 日，风神轮胎顺利通过海关 AEO（即 Authorized Economic Operator，简称经认证经营者）高级认证，成为获得国际贸易最高等级"信用通行证"的企业，对公司在办理海关业务以及发展对外贸易方面将产生深远影响。

10 月 26 日，风神轮胎股份有限公司的 NEO 系列高端产品在菲律宾成功上市。100 余位风神轮胎的菲律宾零售商及车队用户共同见证了 NEO 系列高端产品投放菲律宾市场。

12月3日，国家知识产权局公布了"第二十届中国专利奖"评审结果。风神轮胎股份有限公司获得中国专利优秀奖。获奖专利为"一种轮胎花纹沟泵吸噪声声源识别方法"。

12月14日，在东风商用车有限公司2019年供应商大会上，风神轮胎荣获东风商用车2018年度最佳供应商，这是风神轮胎连续18年荣获东风商用车最佳供应商。

63. 河南豫光金铅股份有限公司（证券代码：600531）

2月3日，河南豫光金铅股份有限公司直接炼铅厂是中国第一条"一步炼铅"生产线，豫光炼铅法是中国炼铅工艺发展史上一个重要的里程碑，更是豫光60年发展史上浓墨重彩的一笔，曾荣获2011年度"国家科学技术进步二等奖"。

3月29日，政策助推，公司开启废铅酸蓄电池回收新纪元。

64. 安阳钢铁股份有限公司（证券代码：600569）

5月6日，成功进行了郑煤机欧标高端高效订单中，S890Q高强调质钢的冶炼和轧制，质量要求之严，强度级别之高，是目前为止炉卷产线生产的强度级别最高的钢种。产品厚度规格25毫米、30毫米和40毫米，产品轧成率和成材率分别达到100%和95%，此钢种的批量生产，标志着炉卷产线在高强板领域实现了全钢级、全钢种、全规格供货，并成功挺进高端市场，在抢抓机遇创效益、推进品牌创建的道路上迈出了重要一步。

9月7日，在安钢扎实开展"质量月"活动之际，安钢凭借过硬的产品质量荣获"全国钢铁行业质量领先品牌"和"全国钢铁行业质量领军企业"两项大奖。

11月2日，冶金工业质量经营联盟公布了2018年"冶金行业卓越产品"名单，安钢的汽车大梁用热轧钢板和钢带510L、高强度汽车大梁用热轧钢带AG700L、焊接气瓶用钢板和钢带HP295、高碳钢盘条SWRH72A、胶管钢丝用热轧盘条C72DA、锅炉和压力容器用钢板Q345R、低合金高强度结构钢Q420A/B/C/D/E、低合金高强度热轧钢板 AH60C、桥梁用结构钢 Q345qC、Q345qD、Q345qE、Q370qC、Q370qD 共 9 大系列产品全部上榜，标志着安钢产品达到了国际先进水平，在产品档次和产品质量上都获得了国家级专业部门的认可。

65. 河南中孚实业股份有限公司（证券代码：600595）

4 月 13 日，在巩义市召开的 2018 年人力资源社会保障工作会议上，中孚实业荣获了"2017 年度社会保险诚信单位"奖，公司已连续多年获此殊荣。

11 月 12 日，河南中孚技术中心有限公司收到经中国国家认证认可监督管理委员会批准设立的第三方认证机构颁发的认证证书，标志着公司顺利通过了质量、环境、职业健康安全管理体系认证。

12 月 24 日，中孚炭素公司对焙烧脱硫塔供浆系统进行了升级改造，通过加装变频控制系统，实现了脱硫塔供浆量的精准调节，工艺调整更加迅速便捷，系统运转更加稳定节能。

66. 河南东方银星投资股份有限公司（证券代码：600753）

无。

67. 辅仁药业集团实业股份有限公司（证券代码：600781）

6 月 14 日，北京弘道智慧中医技术有限公司荣获中关村管委会颁发的《中关村高新技术企业》证书，为公司今后的发展奠定了基础。

9 月 8 日，由全国工商联医药业商会主办的"2017 年度中华民族医药百强品牌企业发布会暨弘扬民族医药·打造民族品牌主题论坛"在中华药都安徽省亳州市成功举行。"2017 年度中华民族医药百强品牌企业"榜单随即正式揭晓，辅仁药业集团有限公司旗下分公司河南辅仁堂制药有限公司以拳头产品"参芪健胃颗粒"实力荣登"2017 年度中华民族医药百强品牌企业"榜单。

10 月 25 日，国家卫健委正式发布《国家基本药物目录（2018 年版）》，辅仁药业集团共有阿莫西林克拉维酸钾干混悬剂、奥美拉唑肠溶胶囊、注射用重组人干扰素 α2b 等 262 个品规榜上有名。

10 月 27 日，辅仁药业集团与国家纳米科学中心项目合作暨"创新纳米药物联合实验研发平台"揭牌仪式在辅仁药业集团熙德隆肿瘤药品有限公司顺利举行。

68. 神马实业股份有限公司（证券代码：600810）

3月8日，神马股份旗下的帘子布发展公司又一项发明专利获得国家知识产权局授权。此项专利名称为"一种帘子布卷绕踏台防滑摔装置"，专利号为 ZL201720627890.8。

4月17日，由中国仪器仪表学会产品信息工作委员会组织主办的石油化工仪表自动化技术国产化推进研讨会在北京召开。会上，主办方对来自全国几十家单位的自动化技术国产化替代工作情况进行研究评比，神马股份旗下的尼龙科技公司作为河南省唯一一家申报单位荣获先进单位称号。

6月16日，在由CDP全球环境信息研究中心主办的"2018年CDP供应链报告发布会暨环境披露启动仪式"上，神马股份被评为"2017年度中国应对气候变化最佳供应商"。

6月22日，在平顶山新城区举办的"中国化纤科技大会"上，中国化学纤维工业协会举行授牌仪式，授予神马股份"国家差别化尼龙新材料研发生产基地"称号，神马股份总经理段文亮代表神马股份上台接受授牌。

69. 洛阳玻璃股份有限公司（证券代码：600876）

8月13日，合肥新能源8.5兆瓦屋顶光伏电站6月份创纪录发电100.7万千瓦时。

10月15日，美国材料科学与技术大会暨美国陶瓷学会第120届年会在俄亥俄州召开，国际玻璃协会顾问委员会主席、浮法玻璃新技术国家重点实验室主任、中建材蚌埠玻璃工业设计研究院院长彭寿被授予"硅酸盐技术创新领袖奖"。他也是首位在世界玻璃技术领域获得这一奖项的中国科学家。

11月9日，工业和信息化部、中国工业经济联合会联合发布第三批单项冠军企业和单项冠军产品名单，蚌埠中显公司"超薄浮法电子玻璃"产品榜上有名,成功入选单项冠军产品名录。

11月23日,宜兴新能源荣获"2018年建材行业智能制造试点示范企业"称号。

12月9日,中建材蚌埠玻璃工业设计研究院的"超薄触控玻璃关键技术与成套装备开发及产业化"成果荣获我国工业领域最高奖项,即中国工业大奖项目奖,成为迄今为止我国材料领域唯一一个获奖项目

70. 第一拖拉机股份有限公司(证券代码:601038)

2月25日,由农民日报社主办的"2017金口碑奖"颁奖盛典在北京隆重举行。在第六届"金口碑奖"大型公益调查活动中,中国一拖荣获"2017中国用户喜爱的农机品牌",东方红LF2204动力换挡拖拉机荣获"2017中国用户喜爱的创新产品品牌",且获得农机品牌、创新产品排名双第一。此外,这也是中国一拖连续六年获得"金口碑奖"。

3月29日,在2018全国农业机械及零部件展览会期间,中国一拖与中兴马斯卡(北京)科技有限公司正式签署战略合作框架协议,签约仪式在中国一拖展区举行。双方将致力于高端农机具战略合作,提升国内高端农机具发展水平。中国一拖党委常委、一拖股份副总经理苏文生,意大利马斯卡有限公司董事长SanteMaschio,中兴马斯卡董事长崔平、CEO韩飞、副总裁刘晓宇等出席签约仪式。

7月6日,2017中国农业机械年度TOP50+颁奖盛典在中国农业机械化科学研究院报告厅举办,中国一拖凭借强大实力再次斩获多项大奖。

8月29日,洛阳-布哈拉农业综合产业园首批农业装备发车仪式在中国一拖举行。首批20台农业装备从中国一拖厂区发出,开启异国之旅。

9月4日,中国一拖集团有限公司与中国恒天集团有限公司(简称中国恒天)在北京中国恒天总部签署战略合作协议。中国一拖党委书记、董事长赵剡水和中国恒天党委书记、董事长张杰进行会谈并见证签约,中国一拖党委副书记、一拖股份总经理朱卫江和中国恒天党委委

员、副总裁李晓红代表双方在合作协议上签字。

11月8日，由中国文化管理协会主办的"第五届最美企业之声展演活动"和"企业微党课原创作品征集展播活动"获奖作品揭晓，中国一拖中小轮拖厂荣获"企业党建工作先进单位"和"第五届最美企业之声最美品质之声金奖代言作品"两项大奖。

11月20日，中国农业机械工业协会、中国农业机械学会联合下发《关于表彰2018年度农业机械科学技术奖奖励项目的通报》，中国一拖申报的"LF904/LF954/LF904-C/LF954-C轮式拖拉机""智能精锻生产线关键技术开发及应用"获得2018年度农业机械科学技术奖二等奖，项目研发单位拖研所、工材所等14名科技人员榜上有名。

71. 中原证券股份有限公司（证券代码：601375）

4月4日，公司与驻马店市政府签订战略合作框架协议。

5月10日，中信银行郑州分行与中原证券股份有限公司深化战略合作座谈会成功举行。双方将完成战略合作，深化"银行+证券"的融合发展方式，联袂打造中原地区兼具影响力、辐射力的银证合作新范本，实现共同服务实体经济、支持中原企业发展、深度融合资本市场、互惠合作共赢的战略新目标。

9月26日，国内权威评级机构上海新世纪资信评估投资服务有限公司对外发布了最新一期的信用评级报告，中原证券被评为AAA信用等级，评级展望为稳定。这是该公司连续两年获得AAA主体信用评级，充分显示了资本市场对中原证券综合实力、治理架构等的高度认可。

72. 中信重工机械股份有限公司（证券代码：601608）

1月10日，公司与河南亿水源净水材料科技有限公司签订战略合作协议。

1月27日，公司与中国有色矿业集团在北京签订刚果（金）迪兹瓦铜钴矿项目主机供货合同。设备包括Φ8.8×4.8米半自磨机、Φ6.4×11.15米球磨机、PSZ2000-B半固定式旋回破碎站各1台。

8月20日，公司与中国黄金集团有限公司在京签订战略合作协议，结为战略合作伙伴，开启了新时期双方战略合作的新篇章。

10月19日，公司与河南中车重型装备有限公司签订悬臂式掘进机技术授权协议暨合作协议，促进双方在隧道、矿山掘进领域的优势互补，实现合作共赢。

11月16日，国家人力资源和社会保障部、财政部联合下发通知，公布《2017年国家级技能大师工作室项目单位》名单，公司刘新安技能大师工作室榜上有名，这是公司拥有的首个国家级技能大师工作室。

12月14日，经河南省工信厅推荐，工信部专家组评审和现场考核，公司正在建设的"矿山装备工业互联网平台"入选国家工业互联网试点示范项目。

73. 平顶山天安煤业股份有限公司（证券代码：601666）

4月16日，生态环境部、退役军人事务部、应急管理部等国务院新组建部门作为第二批挂牌单位分别举行挂牌仪式，正式对外履行职责。

9月20日，在北京举行的首届中国集群品牌论坛上，由中国平煤神马集团等8家单位共同发起的中国焦煤品牌集群正式成立，将在打造长协升级版、全面推出中价·新华焦煤价格区域指数、全链条要素集成等方面开展联合研究。这是煤炭营销模式进入新时代、迎来新发展的里程碑式的事件，更是响应习近平总书记提出的提升中国品牌建设高度的重大举措。

74. 河南明泰铝业股份有限公司（证券代码：601677）

8月29日，中华全国工商业联合会在辽宁沈阳发布2018中国民营企业制造业500强名单，河南明泰铝业股份有限公司荣登榜单，跻身中国民营企业制造业500强。

12月12日，公司外贸部再传喜讯，与加拿大客户成功签单440吨的3105铝板，该加拿大客户，通过网络渠道联系到公司，并表述了自己的采购需求。

75. 郑州煤矿机械集团股份有限公司（证券代码：601717）

12月14日，全省国有企业改革经验交流会议在公司召开，省政府国资委主任李涛出席会议，省政府国资委副主任魏晓伟主持会议。省政府国资委领导、省属企业主要负责人及牵头部门主要负责人、省辖市国企改革办主要负责人及市属企业负责人参加了此次会议。

76. 河南思维自动化设备股份有限公司（证券代码：603508）

4月19日，公司研发的LKJ–15S型新一代列车运行监控系统获得中铁检验认证中心（CRCC）签发的《铁路产品认证证书》，标志着公司新一代列控产品LKJ–15S又向前迈出了坚实的一步。

9月7日，由中国铁路总公司运输局机辆部、铁总信息中心牵头，思维信息参与研发的"中国机车远程监测与诊断系统（CMD系统）"项目荣获2017年度中国铁道学会科技特等奖。

12月14日，2018年度河南省软件协会通讯工作总结表彰会在郑州紫金山宾馆一号楼会议室举行。河南思维自动化设备股份有限公司荣获河南软件服务业通讯工作先进单位；公司特约通讯员樊金辉获得"河南软件服务业优秀通讯员"称号。

77. 普莱柯生物工程股份有限公司（证券代码：603566）

1月4日，根据科技部公示的《科技部关于公布第二批国家专业化众创空间示范名单的通知》（国科发火〔2017〕418号）文件，普莱柯生物工程股份有限公司成功获批"兽用生物制品国家专业化众创空间"。

11月21日，公司旗下的洛阳惠中兽药有限公司动物药品评价检测中心获中国合格评定国家认可委员会（CNAS）颁发的"实验室认可证书"，正式列入CNAS获认可的机构名录。

12月25日，首批"中原学者科学家工作室"授牌仪式在郑州举行，副省长霍金花主持仪式，省委常委、组织部长孔昌生出席并讲话。公司副总经理中原学者田克恭科学家工作室获批设立，田克恭研究员参加了授牌仪式。

78. 郑州安图生物工程股份有限公司（证券代码：603658）

无。

79. 洛阳栾川钼业集团股份有限公司（证券代码：603993）

1月21日，中国有色金属工业协会以"中色协科字〔2017〕213号"对洛阳栾川钼业集团股份有限公司（简称洛钼集团）申报的"三道庄露天矿智能化装备及其关键技术的研发"授予"2017年科技进步一等奖"，项目历经"材料申报、初审、专家评审、协会会长办公会研究、公示"等环节，洛钼集团终获此殊荣。

1月26日，在南钢集团2017年供应商大会上，洛钼集团再获殊荣，被南钢集团评为"金牌供应商"称号。

6月18日，洛钼集团被栾川县委、县政府授予"文明单位"荣誉称号，这标志着洛钼集团的精神文明创建工作得到了县委县政府的充分肯定。

8月29日，由全国工商联主办的2018中国民营企业500强峰会在辽宁沈阳开幕。会上，隆重发布了2018年中国民营企业500强榜单。洛钼集团凭借241.5亿元（2017年）营业收入上榜，位列第311位。榜单显示，河南省共有15家企业入围，洛钼集团是首次入围该榜单，也是洛阳市唯一入围企业。

11月16日，洛钼集团向栾川县扶贫助教捐资4000万元仪式在栾川县委礼堂隆重举行。栾川县委书记董炳麓、县长王明朗、县人大主任马亮、常务副县长朱宏轩，洛钼集团党委书记汪华军、副总经理王争艳、井石滚等出席仪式。栾川县各乡镇、局委负责人，洛钼集团各分子公司、机关部室负责人参加仪式。

后 记

《河南省上市公司发展报告（2018）》是"中原智库丛书"之一，由河南大学中原发展研究院和新三板研究院共同组织编撰。本报告通过对河南省已上市企业的公司概况、财务绩效、公司治理等方面进行整理和分析，以及对河南省新三板挂牌企业和拟上市企业进行补充分析，客观全面展现了河南省上市公司2018年整体发展情况。

本报告由耿明斋任主编、郭兴方任执行主编、李晓敏任副主编。由郭兴方、李晓敏共同提出编撰框架思路和撰写大纲并负责修改和定稿。编撰人员有：第一章朱肖；第二章王烁凯、王闪闪、马怿硕；第三章安燕姣；第四章李小曼；第五章巩丽然、王烁凯、王闪闪；第六章王烁凯、王闪闪；第七章叶桂玲。刘琼、安燕姣承担了协调出版、编撰校正错讹等工作。

由于作者水平有限，加之上市公司发展情况的分析涉及许多方面，具有复杂性，因此疏漏之处还望同行和读者批评指正。

编者

2019年5月28日